KB055205

33
Abnormal Psychology

인터넷 중독

서장원 지음

_ 가상의 공간에서 길을 잃다

학지사

'이상심리학 시리즈'를 내며

21세기를 살아가는 우리는 급격한 변화와 치열한 경쟁으로 이루어진 현대사회에 적응해야 하는 커다란 심리적 부담을 안고 있다. 이러한 현실 속에서 현대인은 여러 가지 심리적 문제와 장애에 직면하게 될 가능성이 높다.

정신건강에 대한 사회적 관심이 증대되면서, 이상심리나 정신장애에 대해서 좀 더 정확하고 체계적인 지식을 접하고자 하는 사람들이 늘어나고 있다. 그러나 막상 전문서적을 접하게 되면, 난해한 용어와 복잡한 체계로 인해 쉽게 이해하기 어려운 것이 현실이다.

이번에 기획한 '이상심리학 시리즈'는 그동안 소수의 전문가에 의해 독점되다시피 한 이상심리학에 대한 지식을 일반 독자들에게 소개하기 위한 것이다. 이를 위해서 다양한 정신장애에 대한 최신의 연구 내용을 가능한 한 쉽게 풀어서 소개하려고 노력하였다.

'이상심리학 시리즈'는 서울대학교 심리학과 임상 · 상담 심리학 교실의 구성원이 주축이 되어 지난 2년간 기울인 노력의 결실이다. 그동안 까다로운 편집 지침에 따라 집필에 전념해준 집필자 모두에게 감사드린다. 아울러 어려운 출판 여건에도 불구하고 출간을 지원해주신 학지사 김진환 사장님과 한 권 한 권마다 좋은 책이 될 수 있도록 성심성의껏 편집을 해주신 편집부 여러분에게 고마움을 표한다.

인간의 마음은 오묘하여 때로는 "아는 게 병"이 될 수 있다. 그러나 이러한 우려보다는 "아는 게 힘"이 되어 보다 성숙하고 자유로운 삶을 이루어나갈 수 있는 독자 여러분의 지혜로움을 믿으면서, '이상심리학 시리즈'를 세상에 내놓는다.

서울대학교 심리학과 교수

원호택, 권석만

머리말

인간은 모두 고유한 욕구를 가지고 있으며 그 욕구를 적절히 충족시키며 살아갈 때 행복하다고 느낀다. 가까운 주변 사람들로부터 사랑받고 싶은 욕구나 적어도 한 가지 일에서만큼은 유능하고 싶은 욕구, 하루에 한 번쯤은 고민을 털어 버리고 재미있는 활동을 하고 싶은 욕구… 대부분의 사람이 바라는 것은 이토록 소탈한 욕구를 만족시키며 사는 것이다. 하지만 그것이 생각만큼 쉬운 일은 아니며 실제로 적지 않은 수의 사람이 자신의 작은 욕구를 충족시키는 데 실패한다.

욕구의 좌절은 고통스러우며 삶에 대한 애정과 의지를 잠식한다. 그래서 사람들은 어떤 방법으로든 좌절된 욕구를 충족시키기 위해 노력한다. 이들 중 일부는 인터넷이라는 가상의 공간에서 그 길을 찾는다. 인터넷 공간은 외모나 경제력, 사회적 지위와 같이 이미 가지고 있는 자원의 영향력이 현실 세계보다 약하며, 원할 때 원하는 방식으로 다른 사람들과 상

호작용할 수 있다는 장점을 가지고 있다. 그리고 본인이 원한
다면 얼마든지 자신의 정체성을 숨기고 활동할 수 있으며, 위
험하다 여겨질 경우 언제라도 손쉽게 빠져나올 수 있다. 무엇
보다 매력적인 것은 매우 다양한 콘텐츠를 적은 비용을 들여
빠르게 이용할 수 있다는 점이다.

문제는 인터넷 공간에서 평생을 살아갈 수 없다는 데 있다.
우리는 모두 현실세계의 한 구성원으로 살아가며 저마다의 고
유한 역할과 의무를 이행할 때 그 세계 속에 자연스럽게 머물
수 있다. 안타깝게도 인터넷 공간에서 보내는 시간은 현실세
계에서도 그대로 흘러간다. 인터넷 공간에 오래 머물수록 현
실세계의 역할과 의무를 이행하면서 삶을 꾸려 갈 시간은 줄
어드는 셈이다. 인터넷 중독은 이렇게 가상공간에서 너무 많
은 시간을 보내어 현실세계에서 다양한 부적응을 경험하는 것
을 의미한다. 이 책은 왜 사람들이 인터넷이라는 공간으로 숨
어들어가 길을 잃게 되는지, 어떻게 하면 다시 현실세계로의
길을 찾아 나올 수 있는지를 다루고 있다. 부디 인터넷 중독
문제로 괴로움을 겪고 있는 분들과 그들의 가족에게 작게나마
도움이 되기를 소망한다.

2017년
서장원

차례

'이상심리학 시리즈'를 내며 _ 3

머리말 _ 5

1 인터넷 중독이란 무엇인가 ─ 11

1. 현대인과 인터넷 _ 13

2. 부적응적인 인터넷 사용의 사례 _ 15

3. 인터넷 중독에 대한 주요 논의 _ 21

　1) 구별된 장애로 볼 것인가 아니면 증상으로 볼 것인가 / 21

　2) 중독으로 볼 수 있는가 / 22

　3) 하위 유형에는 어떤 것이 있는가 / 22

4. 인터넷 중독의 주요 증상 _ 25

　1) 인터넷 사용에 대한 몰두 / 27

　2) 기분조절 수단으로 인터넷 사용 / 27

　3) 금단 / 29

　4) 내성 / 29

　5) 직업 및 대인관계에서의 부정적 결과 / 30

　　6) 통제 결여 / 30

　5. 인터넷 중독의 하위 유형 _ 32
　　1) 인터넷 게임 장애 / 33
　　2) 인터넷 성 중독 / 37
　　3) 일반화된 병리적 인터넷 사용 / 41

　6. 인터넷 중독의 발생률 _ 45
　　1) 국외 / 45
　　2) 국내 / 46

　7. 인터넷 중독의 자가진단 _ 47

2 인터넷 중독은 왜 생기는가 ― 57

　1. 스트레스 사건과 인터넷 중독 _ 59

　2. 병리적 인터넷 사용의 원인이론 _ 61
　　1) 데이비스의 인지행동모델 / 61
　　2) 카플란의 모델 / 66
　　3) 라로스와 이스틴의 모델 / 69

　3. 인터넷 게임 장애의 원인이론 _ 78
　　1) 동과 포텐자의 인지행동모델 / 78
　　2) 킹과 델파브로의 인지모델 / 81
　　3) 비어드와 위크햄의 모델 / 85

　4. 인터넷 성 중독의 원인이론 _ 91
　　1) 쿠퍼의 모델 / 91
　　2) 슈왈츠와 서던의 모델 / 93

　5. 인터넷 중독의 생물학적 원인 _ 99

3 인터넷 중독을 어떻게 치료할 것인가 ── 101

1. 인지행동치료 _ 104

2. 현실치료 _ 111

3. 체계적 가족치료 _ 115

　1) 시작 단계 / 116

　2) 동기강화 단계 / 117

　3) 탐색 단계 / 118

　4) 안정 단계 / 119

4. 수용전념치료 _ 121

5. 스스로 인터넷 중독 극복하기 _ 139

　1) 자가치료의 출발점 / 139

　2) 인터넷 사용 행동 파악하기 / 141

　3) 나는 왜 인터넷을 사용하는가 / 143

　4) 원하는 것을 얻을 수 있는 다른 방법 모색하기 / 145

　5) 고통을 견뎌 보기 / 148

　6) 인터넷 사용 행동과 대안행동 계획 및 실행 / 151

　7) 변화된 행동 강화하기 / 153

6. 가족이 도움 주기 _ 156

참고문헌 _ 161

찾아보기 _ 164

인터넷 중독이란
무엇인가

1. 현대인과 인터넷

2. 부적응적인 인터넷 사용의 사례

3. 인터넷 중독에 대한 주요 논의

4. 인터넷 중독의 주요 증상

5. 인터넷 중독의 하위 유형

6. 인터넷 중독의 발생률

7. 인터넷 중독의 자가진단

1. 현대인과 인터넷

인터넷internet은 획기적인 과학기술이다. 작은 컴퓨터에 통신 케이블만 연결하면 우리는 세계 곳곳에 있는 사람들과 실시간으로 정보를 주고받을 수 있다. 지구 반대편에 살고 있는 친구의 일상을 사진과 동영상, 글 등을 통해 간단히 확인할 수 있으며, 중요한 국제회의도 한 자리에 모일 필요 없이 화상회의로 진행할 수 있다. 학교나 선생님이 부족하여 적절한 교육을 받을 수 없는 상황일지라도 인터넷만 연결되어 있으면 무료로 제공되는 수많은 강의 동영상과 논문, 교육 자료를 마음껏 활용할 수 있다. 인터넷은 원하는 다양한 정보를 빠른 속도로, 그것도 매우 저렴한 가격에 제공하는 놀라운 도구인 셈이다.

인터넷이 인간의 삶에 긍정적인 영향을 미쳤다는 사실은 명백하다. 그러나 대부분의 과학기술이 그렇듯 어떤 목적으로 어떻게 사용되느냐에 따라 인터넷은 인간에게 부정적인 영향을 미칠 수 있다. 원하는 것을 빠르면서도 저렴한 가격에 얻을 수 있다는 인터넷의 고유한 특징은 내면의 욕구를 가능한 빨리 충족시키고자 하는 본성을 지닌 인간에게 거부하기 힘든 매력으로 다가온다. 이 매력은 인터넷의 또 다른 고유한 특징인 익명성으로 인해 배가 된다. 이러한 매력에 빠져 인터넷을 과도하게 사용하면 적응적인 삶의 기능들이 무너지면서 부적응을 경험하기도 한다. 몇 가지 사례를 통해 부적응적인 인터넷 사용의 영향을 살펴보기로 하겠다. ❖

2. 부적응적인 인터넷 사용의 사례

A는 고등학교 2학년 남학생으로 다소 성급한 면이 있지만 일상생활에 크게 지장을 줄 정도는 아니었으며 친구관계도 대체로 원만한 편이었다. 부모의 말로는 이때까지 큰 말썽 한 번 피우지 않고 착실하게 지내 왔다고 한다. 한 가지 문제가 있다면 성적이 기대하는 만큼 나오지 않아 아버지와 갈등이 잦아지고 있다는 것이었는데, 크게 다투거나 하는 일은 없었다. 그러던 중 A는 리그 오브 레전드League of Legend라는 게임을 친구의 소개로 접하게 되었다. 처음에는 간단히 머리를 식히는 정도로만 게임을 즐기는 수준이었기 때문에 일상생활에 지장을 주지 않았다. 그런데 게임을 하면 할수록 A는 자신도 몰랐던 재능을 발견하기 시작했다. 그때그때 주어지는 상황을 빠르게 파악하고 대응 전략을 계획하여 실행하는 능력이 의외로 우수했던 것이다. A는 게임

하는 것이 점점 더 즐거워졌다. 친구들도 A의 게임 실력을 인정해 주기 시작했으며 게임 공간에서도 A는 수준급의 플레이어로 소문이 나기 시작했다. 이때부터 A는 공부하는 시간을 줄여 가며 게임에 몰두하기 시작했다. 학원에 간다고 거짓말을 하고 게임방에 가는 일도 잦아졌으며, 학교 수업 시간에도 핸드폰 등을 이용해서 게임 관련 정보를 수집하는 일에 몰두하게 되었다. 결국 성적은 크게 하락했으며 거짓말도 들통나서 부모님과의 갈등도 심해져 갔다. A도 자신의 게임 행동이 과도하다는 것을 어느 정도 인식하고 있지만 강한 성취감과 유대감을 느낄 수 있는 인터넷 공간을 떠나려니 좀처럼 발이 떨어지지 않는다.

B는 결혼 10년차 중년 남성으로 두 딸의 아빠이기도 하다. 매사에 꼼꼼하고 자기 역할에 최선을 다하는 B는 겉으로 보기에 아무런 문제가 없는 매우 모범적인 사람이었다. 가정에서는 성실한 남편이자 훌륭한 아빠로, 직장에서는 유능한 중견 간부로 살아왔다. 그러나 B에게는 아무도 모르는 비밀스러운 습관이 있다. 이 습관은 둘째 딸이 태어나고 1년 뒤인 3년 전 즈음부터 시작되었다. 당시 B 씨 부부는 임신과 출산 등의 이유로 성관계를 전혀 갖고 있지 않았다. 처음에는 B도 아내의 고통을 이해하면서 큰 어려움 없이 받아들일

수 있었다. 그러나 1년이 지나도록 아내가 B의 성관계 요구를 들어주지 않자 점차 불만스러운 마음이 들기 시작했다. 아내가 두 아이를 양육해야 하는 부담 때문에 피로감이 크다는 것은 이해할 수 있었지만 왠지 모르게 그 이상의 다른 이유가 있는 것이 아닌가 하는 생각이 들어 견디기가 어려웠다. 그러던 차에 B는 친구의 소개로 한 인터넷 사이트에 가입하게 되었다. 이 사이트는 다양한 음란 동영상을 이용할 수 있으며, 원하는 사람과 온라인으로 대화도 나눌 수 있는 불법 성인 웹사이트였다. 처음에는 성욕이 너무 강할 때에만 한 번씩 음란 동영상을 받아 보는 것으로 만족할 수 있었다. 하지만 시간이 지날수록 좀 더 자극적인 것을 원하게 되었고 그에 따라 더 많은 돈을 들여야 볼 수 있는 희귀한 음란 동영상을 구입하게 되었다. 뿐만 아니라, 늦은 밤 시간에만 사이트에 접속하던 B는 점차 낮 시간이나 근무 시간에도 틈틈이 접속을 하기 시작했다. 심지어는 온라인 대화 프로그램을 이용해 익명의 대상과 음란한 대화를 나누는가 하면 사진이나 동영상 등을 서로 촬영하여 교환하는 등의 행동도 나타내기 시작했다. B는 요즘 익명의 대상과 오프라인에서 만나 보면 어떨까 하는 생각을 하고 있다. 실제로 B가 이용하는 웹사이트의 많은 이용자는 온라인뿐만 아니라 오프라인에서도 익명의 대상과 성관계를 갖고 있었기 때문이다.

이와 같은 정황을 한 친구에게 이야기하자 너무 위험한 수
준인 것 같으니 사이트에서 탈퇴하는 것이 좋겠다는 말을
듣기도 했다. 하지만 B는 이제 이 사이트가 없는 삶을 상상
하기 어렵다. 그곳에서 얻는 쾌감과 만족감 없이 살아간다
는 것이 B에게는 불가능한 것으로 여겨졌다.

  C는 서울 소재 명문대학교의 대학원 석사과정을 이수하
고 있는 26세 여학생이다. 3학기 동안의 기본 수업을 무사히
마치고 현재 학위논문을 준비하고 있다. 그런데 C는 요즘
큰 고민에 빠져 있다. 논문 계획 발표가 얼마 남지 않았는데
도 불구하고 인터넷을 사용하며 보내는 시간이 너무 많기
때문이다. 처음에는 잠깐 머리를 식힐 요량으로 짧은 인터
넷 기사를 읽으며 시간을 보내곤 했다. 그런데 기사를 읽다
보니 특정 대상이나 주제에 대해 호기심이 생겼고 관련된
또 다른 기사를 읽게 되었다. 기사들을 읽다 보면 간혹 흥미
를 끄는 상품광고들이 눈에 들어오기도 했다. 그럴 때면 잠
깐 구경이나 하자는 생각에 쇼핑몰에 들르곤 했으며, 마음
에 드는 물건들이 많을 경우에는 그곳에서 상당한 시간을
보내곤 했다. 그렇게 이런 저런 물건들을 구경하다 보면 옷
을 구매하여 예쁘게 입고 있는 익명의 사용자가 눈에 띄는
일도 있었다. 호기심에 그 사용자의 블로그blog에 들어가 그

사람이 즐겨 입는 옷이나 다니는 미용실, 카페, 식당, 어울리는 사람들을 특별한 이유 없이 살펴보면서 '내가 지금 뭘 하고 있는 건가?' 하는 생각을 하기도 했다. 하지만 C의 손은 여전히 다음 글을 클릭하고 있었다. 이 외에도 동영상이나 만화, 소설, 간단한 퍼즐 게임 등을 하다 보면 몇 시간은 눈 깜작할 새에 지나가는 것 같았다. 정신을 차리고 보면 새벽 2시나 3시였고 그제야 뒤늦게 못 한 일을 시작하곤 했다. 이런 생활을 반복하다 보니 피로감이 쌓여 갔고 논문의 진도는 더욱 늦어졌다. C의 지도교수는 C가 가져온 성과물을 보면서 이번 학기에는 논문 계획을 발표하기 어려울 수 있겠다고 경고하기도 했다. C도 현재 상황의 심각성을 알고는 있지만 힘들고 괴로운 논문 작업을 하다 보면 '잠깐만 쉴까?' 하는 생각이 들면서 다시 인터넷 세계로 빠져들었다. 그러면 영락없이 그곳에서 길을 잃고 한참 뒤에야 현실세계로 돌아오는 일이 반복되고 있다.

제시된 사례의 주인공들은 주로 이용하는 콘텐츠나 사용양상 면에서 서로 다른 특성을 나타내고 있지만, 인터넷을 과도하게 사용하여 일상생활에 지장을 받고 있으며 상당한 수준의 갈등과 고통을 경험한다는 측면에서 서로 유사하다. 이렇게 과도한 인터넷 사용으로 인해 심각한 수준의 기능 저하나

주관적 고통을 경험하는 경우를 인터넷 중독_{internet addiction}이
라 부른다. ◆

3. 인터넷 중독에 대한 주요 논의

인터넷 중독은 임상장면에서 매우 중요하게 다루어지는 심리장애 중 하나이지만, 학계에서는 아직 진단기준이나 명칭 등에 대한 논의가 진행되고 있다. 이 절에서는 현재 다루어지고 있는 중요한 논점들을 간단히 살펴보겠다.

1) 구별된 장애로 볼 것인가 아니면 증상으로 볼 것인가

첫 번째 쟁점은 인터넷 중독을 구별된 장애로 볼 수 있는가 하는 의문에 대한 것이다. 이와 관련해서는 2가지 입장이 공존하고 있는 상황이다. 즉, 구별된 병인론을 갖는 장애로 보는 입장과 다른 여러 장애에서 나타날 수 있는 증상으로 보는 입장이 팽팽하게 맞서고 있다. 후자의 입장을 지닌 학자들은 인터넷 중독이라는 개념 대신 문제적 인터넷 사용problematic

internet use이나 병리적 인터넷 사용pathological internet use, 강박적
인터넷 사용compulsive internet use 등의 표현을 선호한다.

2) 중독으로 볼 수 있는가

인터넷 중독을 구별된 심리장애로 보는 입장에서도 인터넷
중독을 물질중독이나 행위중독과 같은 중독addiction으로 간주
할 수 있는지에 대한 논의가 진행되고 있다. 이와 같은 논의가
진행되고 있는 중요한 이유 중 하나는, 인터넷 중독으로 진단
된 환자들에게서 내성tolerance과 금단증상withdrawal symptoms이
다른 중독 환자들만큼 뚜렷하게 나타나지 않는 현상 때문이
다. 그러나 이 외에 다른 중독 관련 증상들, 예를 들면 인터넷
사용에 대한 몰두나 통제 결여, 부정적 기분조절 수단으로 사
용하는 것, 갈망craving, 다양한 부정적 결과를 경험함에도 불구
하고 지속적으로 사용하는 양상은 인터넷 중독에서도 동일하
게 발견되고 있다.

3) 하위 유형에는 어떤 것이 있는가

세 번째 쟁점은 인터넷 중독의 하위 유형에 관한 것이다. 인
터넷 중독은 조금만 깊게 생각해 보면 다른 행위중독behavioral

addiction, 예: 도박중독, 쇼핑중독들과는 달리 반복적으로 나타나는 행위가 매우 이질적임을 알 수 있다. 예를 들어, 어떤 사람은 인터넷 게임에만 몰두하는가 하면, 다른 사람은 인터넷 음란물을 주로 사용할 수 있다. 혹은 특별한 목적 없이 인터넷의 게시글을 읽거나 쇼핑을 하면서 과도하게 많은 시간을 소비할 수도 있다. 이렇게 똑같이 인터넷 중독의 양상을 보이는 사람들도 주로 하는 활동이 다를 수 있으며 활동 양상에 따라 심리적 기제나 원인, 유지요인 등이 달라질 수 있다.

인터넷 중독은 인터넷 사용의 목적에 따라 크게 두 유형으로 구분될 수 있다. 첫 번째 유형은 특정한 목적을 가지고 인터넷을 사용하는 유형이다. 여기에는 인터넷 게임 장애와 사이버 성 중독혹은 과도한 인터넷 음란물 사용 등이 포함된다. 이들은 게임을 하거나 음란물을 사용하기 위해 인터넷을 이용하는 경향을 보인다. 두 번째 유형은 특정한 목적 없이 인터넷을 사용하는 유형이다. 여기에 속하는 사람들은 별다른 방향성 없이 그때그때의 호기심에 따라 인터넷을 떠돈다. 짧은 기사를 읽거나, 만화, 동영상을 이용하고 타인의 블로그나 개인 홈페이지 등을 살피기도 한다. 이들은 앞서 살펴본 유형과는 달리 뚜렷한 목적을 가지고 인터넷을 사용하지 않으며, 대개는 인터넷을 사용하는 과정에서 떠오르는 생각이나 호기심에 따라 다양한 활동을 하면서 인터넷 공간에 머물곤 한다. 물론 이 두 유형은 서로 밀접하게 연결되어 있으며, 경우에 따라서는 한 사람에게서 시기를 달리하여 두 유형의 양상이 모두 나타날 수도 있다.

학계에서는 가장 심각한 문제를 초래하는 인터넷 게임 장애와 사이버 성 중독을 비교적 이른 시기부터 주목해 왔다. 여기에 더해 최근에는 특정한 목적 없이 과도하게 인터넷을 사용하는 유형, 즉 일반화된 병리적 인터넷 사용generalized pathological internet use 유형에 관심을 두는 학자들이 늘어나고 있다. 이 세 유형의 인터넷 중독은 증상의 측면에서 유사한 면이 있지만, 원인이나 악화과정, 치료기제의 측면에서는 서로 구별되는 특징을 갖는다. ❖

4. 인터넷 중독의 주요 증상

인터넷 중독의 개념적 타당성에 대한 논의가 아직 진행되고 있지만, 인터넷 중독으로 진단된 사람들이 나타내는 증상은 다른 행위중독의 증상과 매우 유사하다. 행위중독의 대표적인 증상은 다음 6가지로 정리할 수 있다.

첫 번째 증상은 몰두preoccupation/salience다. 행위중독을 경험하는 사람들은 중독행동과 관련된 생각에 몰두되어 있는 경우가 많다. 이들은 중독행동을 하고 있지 않은 상황에서도 중독행동과 관련된 생각을 지속한다. 예를 들면, 중독행동을 했을 때의 기억을 떠올린다거나 사용했을 때의 결과를 반복적으로 상상하곤 한다. 이런 생각들은 중독행동에 대한 갈망을 자극하기 때문에 중독행동을 유발하게 된다.

두 번째 증상은 중독행동을 기분조절 수단으로 사용하는 것이다. 즉, 고통스러운 감정을 경험할 때 이를 완화시키거나 해소하기 위한 수단으로 중독행동을 사용한다. 혹은 원하는 만큼 긍정적인 기분을 느끼지 못할 때 기분을 고양시키기 위한 수단으로도 중독행동을 사용할 수 있다.

세 번째 증상은 금단withdrawal이다. 물질중독과 마찬가지로 행위중독 또한 중독행동을 강제로 금지했을 때 다양한 금단증상을 경험할 수 있다. 물질중독만큼 신체적인 증상이 심한 것은 아니지만, 다양한 심리적 금단증상이 나타날 수 있다.

네 번째 증상은 내성tolerance이다. 내성이란 중독행동의 반복으로 인해 중독행동의 효과가 점차 감소되는 현상을 말한다. 내성이 강해지면 중독행동의 빈도와 양이 점차 증가하게 된다.

다섯 번째 증상은 중독행동으로 인한 부정적 결과에도 불구하고 반복적으로 중독행동을 나타내는 것이다. 행위중독은 다양한 직업적 · 사회적 문제를 유발할 수 있다. 행위중독자들은 이러한 부정적 결과를 인식하고 있음에도 불구하고 반복적으로 중독행동을 나타내곤 한다.

마지막 증상은 중독행동에 대한 통제 결여다. 행위중독을 경험하는 사람들은 중독행동 과정에서 스스로를 통제할 수 없다고 보고하곤 한다. 처음에 계획했던 것보다 더 빈번하게, 더 긴 시간 동안 중독행동을 나타내는 것이다.

제시된 6가지 증상은 인터넷 중독에서도 동일하게 발견되

는 것으로 보고되고 있다. 각 증상에 대해 좀 더 자세하게 살
펴보기로 하자.

1) 인터넷 사용에 대한 몰두

인터넷 중독을 경험하는 사람들은 인터넷 사용과 관련된 생
각에 몰두한다. 이들은 인터넷을 사용하지 않을 때에도 인터
넷 관련 생각에 빠져들곤 한다. 예를 들어, 인터넷 게임에 중독
된 사람들은 게임을 마치고 나오는 순간부터 방금 마무리 지
은 게임에 대해 깊은 생각에 빠져들 수 있다. 단순히 게임 속
이미지들을 떠올리기도 하지만, 게임에서의 성공과 실패의 원
인에 대해 분석하는 좀 더 능동적인 사고를 할 수도 있다. 이들
은 다음 게임에서 어떻게 전략을 바꿀 것인지 등에 대해 계획
을 세우기도 한다. 이러한 생각들은 현실의 과업에 집중하는
것을 방해하며, 인터넷 사용에 대한 갈망을 자극하게 된다.

2) 기분조절 수단으로 인터넷 사용

인터넷을 처음 사용하게 된 배경은 기분조절과 관련이 없
는 경우가 많다. 하지만 인터넷의 기분조절 기능을 경험하게
되면 부정적 감정을 경험할 때나 별다른 이유 없이 기분이 가

라앉을 때 인터넷을 반복적으로 사용하게 된다. 기분조절 수단의 측면에서 인터넷이 갖는 특별한 장점이 있다.

우선, 인터넷은 접근성이 매우 뛰어나다. 스마트폰smartphone과 같이 휴대성이 뛰어난 개인용 컴퓨터가 보급되면서부터 인터넷은 언제 어디에서든 사용할 수 있는 최고의 기분조절 수단이 되었다. 두 번째로 인터넷은 가격이 매우 저렴하다. 소액의 데이터 사용료만 내면 혹은 무료로 제공되는 무선 인터넷 서비스 구역만 찾는다면, 수많은 사진 자료와 동영상, 만화, 소설, 게임 등을 무료로 이용할 수 있다. 세 번째로 인터넷은 다른 사람들에게 들키지 않고 은밀하게 사용할 수 있다. 알코올이나 기타 물질들과는 다르게 인터넷은 외견상 사용 여부를 확인하기 어렵다. 또한 인터넷을 업무용·학업용으로 사용하는 것인지, 아니면 기분조절을 위한 용도로 사용하고 있는 것인지도 판단하기 어렵다. 네 번째로 인터넷 사용은 다른 중독 행동에 비해 덜 해로운 행동으로 받아들여지곤 한다. 인터넷 사용은 주변에서 흔히 볼 수 있는 행동이기 때문이다. 이러한 이유들로 인해 인터넷 중독자들은 기분조절 수단으로 인터넷을 매우 빈번하게 사용하는 경향이 있다.

3) 금단

물질중독만큼 뚜렷하지는 않지만 인터넷 중독을 경험하는 사람들도 금단증상을 나타내는 것으로 알려져 있다. 그러나 물질중독과는 달리 신체적 증상예: 현기증, 구토, 환각은 두드러지지 않는 편이며, 주로 불안이나 우울, 짜증과 같은 심리적 증상을 나타낸다. 이러한 증상은 인터넷 사용을 중지한 뒤 며칠이 지난 후에 심해지는 경향이 있으며, 인터넷을 사용하면 증상이 감소한다. 심리적인 금단증상은 그 자체로 매우 불쾌한 경험이기 때문에 인터넷 중독자들은 인터넷을 사용함으로써 금단증상을 해소하려 시도한다.

4) 내성

인터넷 중독에서의 내성은 물질중독에서만큼 뚜렷하지 않은 것으로 보고되고 있다. 이것은 인터넷 사용이 다른 중독성이 있는 물질과는 다른 특징을 가지고 있기 때문에 나타나는 현상일 수 있다. 인터넷은 늘 새로운 자극들로 가득 채워져 있다. 흥미를 불러일으키는 사진이나 동영상, 게임 등이 늘 새롭게 등장하고, 소셜 네트워크에는 타인의 소식들이 시간을 다투어 업데이트 된다. 이렇게 인터넷 자체가 갖는 정보의 특성으로 인해 양적인 측면인터넷 사용 시간에서의 내성은 두드러지게 나타나지 않을 수 있다. 오히려 인터넷 중독에서의 내성은 새로운 콘텐츠를 추구하는 경향성으로 드러날 수 있다.

5) 직업 및 대인관계에서의 부정적 결과

다른 물질중독이나 행위중독과 마찬가지로 인터넷 중독 또한 심각한 수준의 직업적·대인관계적 문제를 나타낼 수 있다. 근무시간에 사적인 용도로 인터넷을 사용하여 상사와 갈등을 경험하거나, 과도한 인터넷 사용으로 대인관계적 의무를 소홀히 하여 가족이나 친구들과 갈등을 경험하기도 한다. 인터넷 중독자들은 자신의 인터넷 사용 행동으로 인해 이러한 부정적 결과를 경험하고 있으며, 인터넷 사용을 줄이지 않으면 앞으로 더 많은 갈등을 경험하게 될 것이라는 사실을 잘 알고 있다. 하지만 그럼에도 불구하고 인터넷 사용 행동을 지속하는 양상을 나타내곤 한다.

6) 통제 결여

인터넷 중독자들은 인터넷 사용과정에서 통제력을 잃어버리는 경향이 있다. 즉, 원래 계획했던 것보다 더 오랜 시간 인터넷을 사용하는 일이 빈번하게 발생한다. 특히 인터넷 게임 장애의 경우 시간감각을 잃고 장시간 동안 게임에 몰두하는 현상을 흔하게 발견할 수 있다. 이들은 또한 인터넷 사용을 줄이고자 노력하지만 반복적으로 실패하는 경향이 있다. 이들의 통제 노력이 반복적으로 실패하는 이유는 기본적인 행동억제 능력이 결여되어 있거나, 인터넷 사용에 대해 양가적인 태도를 가지고 있기 때문일 수 있다. 실제로 인터넷 중독자들은 과도한 인터넷 사용의 부정적 결과를 인식하면서도 인터넷 사용의 매력을 높게 평가하는 것으로 보고되고 있다. ◈

5. 인터넷 중독의 하위 유형

여러 학자가 지적한 바와 같이 부적응적인 인터넷 사용 행동은 하나의 동질적인 중독행동이라고 보기 어렵다. 네덜란드의 학자 반 루이Van Rooij는 인터넷에 중독되었다는 말은 주류 상점에 중독되었다는 말과 비슷하다고 언급하기도 했다(Van Rooij & Prause, 2014). 중요한 점은 '인터넷으로 어떤 활동을 하고 있는가?'일 것이다. 여기에 인터넷 중독이 풀어야 할 큰 숙제가 자리하고 있다. 인터넷을 통해 할 수 있는 활동은 사실 무궁무진하기 때문이다. 하지만 인터넷을 활용한 모든 활동이 중독의 가능성이 높은 것은 아니기 때문에 임상적으로 의미 있는 주된 활동을 추려 낼 수 있다.

인터넷 중독에 대한 인지모델을 제안한 데이비스Davis는 병리적 인터넷 사용을 크게 두 유형으로 구분한 바 있다(Davis, 2001). 첫 번째 유형은 특정한 목적을 가진 병리적 인터넷 사용이고, 두 번째 유형은 특정한 목적이 없는 병리적 인터넷 사용이다. 전자에 포함되는 인터넷 사용 행동 중 임상적으로 가장 주목받고 있는 유형은 인터넷 게임과 인터넷 성행동음란물 사용, 성인 채팅 등이다. 특정한 목적이 없는 병리적 인터넷 사용은 별다른 방향성 없이 인터넷 공간에 있는 다양한 콘텐츠를 이용하면서 시간을 보내는 것을 말한다. 예를 들면, 인터넷 기사나 동영상, 만화, 소설을 보거나 간단한 퍼즐 게임을 하고, 타인의 블로그를 특별한 이유 없이 살펴보는 것이다. 이러한 활동의 중요한 특징은 특정한 목적 없이 그때그때의 흥미에 따라 다양한 콘텐츠를 이용한다는 점이다.

두 유형의 병리적 인터넷 사용은 상호배타적이지 않으며 서로 공존할 수 있다. 하지만 각 유형이 갖는 고유한 특징이 있기 때문에 분리하여 살펴보기로 하겠다.

1) 인터넷 게임 장애

인터넷 중독 중 가장 활발하게 연구되고 있는 유형은 인터넷 게임 장애 혹은 온라인 게임 장애일 것이다. 인터넷 게임 장애는 과도한 인터넷 게임 행동으로 인해 심한 고통이나 기능 손상을 경험하는 것을 말한다. 『정신장애의 진단 및 통계 편람 제5판Diagnostic and Statistical Manual of Mental Disorder(5th ed.): DSM 5』이

'추가 연구가 필요한 진단적 상태conditions for further study'에는 인
터넷 게임 장애의 진단기준이 포함되어 있다.

 인터넷 게임 장애의 진단기준 (DSM-5; APA, 2013)

임상적으로 심각한 기능 손상이나 고통을 유발하는 인터넷
게임 행동이 다음 중 5개 이상의 방식으로 지난 12개월 이내
에 나타났어야 한다.

1. 인터넷 게임에 몰두되어 있다(이전에 했던 게임에 대해 생
   각하거나 다음에 할 게임에 대해 생각한다. 인터넷 게임이
   일과 중 가장 중요한 위치를 차지한다).
2. 인터넷 게임을 하지 못하게 되면 금단증상이 나타난다(금단
   증상은 일반적으로 짜증이나 불안, 슬픔 등으로 나타나며,
   약물학적 금단증상의 신체 징후는 없다).
3. 내성이 나타난다. 좀 더 오랫동안 인터넷 게임을 하고 싶은
   욕구가 나타난다.
4. 인터넷 게임을 통제하려 하지만 반복적으로 실패한다.
5. 인터넷 게임을 제외하고는 이전에 즐겼던 취미나 유흥에
   대해 관심을 잃게 된다.
6. 심리사회적인 문제를 알고 있음에도 불구하고 지속적으로
   과도하게 인터넷 게임을 한다.
7. 인터넷 게임을 한 시간과 관련해 가족이나 치료자 등 주변
   사람들에게 거짓말을 한다.
8. 부정적인 기분을 피하거나 줄이기 위해 인터넷 게임을 한
   다예: 무력감, 죄책감, 불안.

9. 인터넷 게임 때문에 중요한 인간관계나 일자리, 학업적 · 직
   업적 기회를 망치거나 잃어버린다.

✱ 주의: 인터넷 도박은 배제한다. 사업이나 전문적인 목적으로 인터넷
   을 사용하는 것 또한 배제한다. 사회적인 목적의 인터넷 사용이나
   성적인 목적을 가진 인터넷 사용 또한 배제한다.

인터넷 게임은 간단한 퍼즐게임이나 슈팅게임부터 다중접
속 온라인 롤플레잉 게임massive multiplayer online role-playing game에
이르기까지 매우 다양하다. 하지만 이러한 게임들은 몇 가지
공통점을 가지고 있다.

첫째로, 문제를 제시하고 인지적인 활동을 통해 이를 해결
하도록 하는 시스템을 갖추고 있다. 게임에서 제시되는 문제
들의 난이도는 사용자들이 적당한 인지적 노력을 들여 해결할
수 있도록 조정되어 있기 때문에, 사용자들은 게임을 하는 과
정에서 재미와 숙달감, 유능감 등을 경험할 수 있다.

둘째로, 성장의 개념을 가지고 있다. 예를 들어, 대부분의
게임은 '레벨' 시스템을 가지고 있다. 사용자가 시간과 노력을
들일수록 레벨이 증가하는 체계를 가지고 있는 것이다. 뿐만
아니라, 게임에 사용되는 아바타avatar의 외형을 다른 사용자들
과는 구별되는 방식으로 변형시킬 수도 있다.

셋째로, 다른 사용자들과의 상호작용이 가능하도록 구성되

어 있다. 대부분의 게임은 채팅이나 게시판을 통한 소통 기능을 제공하고 있으며, 다른 사용자들의 레벨이나 기타 사용 정보들을 조회할 수 있도록 한다.

제시된 공통점들을 보면 게임을 통해 상당한 수준의 긍정적 감정을 경험할 수 있음을 파악할 수 있다. 실제로 게임 사용자들은 게임 과정에서 경험하는 긍정적 감정 경험에 매료되어 반복적으로 게임을 하는 경향이 있다. 하지만 인터넷 게임을 이용하는 모든 사람이 인터넷 게임 장애에 빠지는 것은 아니다. 인터넷 게임이 과도하여 일상생활에 지장을 주는 경우 대부분의 사람은 게임 행동을 멈추거나 자제하기 때문이다. 인터넷 게임 장애에 빠지는 사람들은 게임으로 인한 다양한 문제를 경험하면서도 게임 행동을 멈추지 못하는 사람들이다.

이들이 게임 행동을 멈추지 못하는 이유는 크게 보면 2가지로 정리할 수 있다. 첫째로, 게임을 통해 얻는 보상이 반드시 필요하기 때문일 수 있다. 실제로 인터넷 게임 장애에 빠지는 사람들은 기본적으로 보상에 대한 의존성이 매우 강한 것으로 보고되고 있다. 또한 현실에서 충분한 보상을 얻지 못하기 때문에 인터넷 게임을 통해 보상을 얻으려 시도하는 것일 수 있다. 둘째로, 행동을 조절하는 능력이 기본적으로 부족하기 때문일 수 있다. 사람들은 모두 현재와 미래의 이익·손실 등을 고려하여 자신의 행동을 적절히 조절한다. 하지만 이와 관련된 기능들 중 일부가 손상되어 있거나 부족한 경우가 있을 수 있다. 이런 경우 현실의 부정적인 결과를 고려하여 인터넷 게임 행동을 조절하는 데 어려움을 겪을 수 있다.

2) 인터넷 성 중독

인터넷 성 중독 혹은 사이버 성 중독은 인터넷 중독이 언급되기 시작한 초기부터 꾸준히 연구되어 온 유형이다. 인터넷을 이용한 모든 성 활동은 중독행동이 될 수 있다. 성적인 내용의 소설이나 사진, 동영상 등을 이용하는 것뿐만 아니라 성적인 내용을 주제로 타인과 대화를 나누는 것, 게시판이나 대화 프로그램 등을 이용하여 오프라인에서 만날 수 있는 성적 파트너를 만나는 것 또한 인터넷 성 중독행동이 될 수 있다. 중요한 점은 인터넷을 이용한 성 활동 자체가 인터넷 성 중독으로 간주되지는 않는다는 것이다. 인터넷을 통한 성 활동이 과도하여 일상 기능에 큰 손상을 입히거나 주관적인 고통을 유발할 때 인터넷 성 중독으로 진단된다.

성 활동은 다른 활동들과는 달리 기본적으로 통제와 조절이 요구되는 특징을 가지고 있다. 사회는 공동체의 안정을 위협할 수 있는 문란한 성적 행동을 오래 전부터 제재해 왔으며, 이와 관련된 행동규범은 자연스럽게 사람들의 마음속에 자리를 잡고 있다. 때문에 대부분의 사람은 자신의 성 행동을 적절한 수준에서 억제하며 살아간다. 인터넷이 성 활동의 매체로 빈번하게 사용되는 이유는 성적인 욕구와 관련 행동을 억제할 필요성이 약하기 때문이다. 인터넷 사용의 심리를 연구해 온 슐러Suler는 이렇게 온라인 상황에서 행동억제가 약화되는 현상을 '온라인 탈억제 효과'라고 명명한 바 있다(Suler, 2004). 그에 따르면 다음과 같은 이유들로 인해 온라인 탈억제 효과가 나타날 수 있다.

첫 번째 이유는 익명성이다. 온라인 상황에서는 제한적으로만 정보를 공개하기 때문에 익명성을 유지할 수 있다. 이렇게 자신이 누구인지를 감추게 되면 말과 행동에 대한 책임을 회피할 수 있기 때문에 탈억제 효과가 나타날 수 있다.

두 번째 이유는 원하면 언제든 활동을 멈추고 도망칠 수 있다는 것이다. 오프라인 상황에서는 어떤 활동을 하다가 그 즉시 사라지는 것이 매우 어렵다. 하지만 온라인 상황에서는 프로그램을 종료하거나 컴퓨터 전원을 차단하면 즉시 활동을 중단할 수 있다. 언제든 쉽게 도망칠 수 있는 방법이 마련되어 있다는 사실은 행동억제의 필요성을 약화시킨다.

세 번째 이유는 온라인 상황에서 일어나는 일들을 모두 가상의 일이라 치부할 수 있다는 것이다. 온라인에서 일어나는 일들은 오프라인에서 일어나는 일들보다 현실감이 적은 것이 사실이다. 때문에 사람들은 온라인에서 벌어지는 일들이 자신의 머릿속에서 일어났다가 사라지는 단순한 장난에 불과하다고 여기기도 한다. 이렇게 온라인상에서의 활동을 비현실적이고 장난스러운 활동으로 간주하면, 자신의 말과 행동에 대한 책임이 줄어들기 때문에 탈억제 현상이 쉽게 일어난다.

네 번째 이유는 탈위계 현상이다. 현대사회를 살아가는 사람들은 일반적으로 특정한 위계에 속하기 마련이다. 그리고 위계 내에서의 자신의 위치에 따라 역할과 의무를 수행한다. 하지만 인터넷 상황에서는 위계질서가 불명확하기 때문에 누군가를 대할 때 지켜야 할 원칙 또한 불분명해진다. 그에 따라 행동에 대한 제약이 약화되어 평소에는 하지 못할 말이나 행동을 하기도 한다.

온라인 탈억제 효과에 더해 인터넷 성 중독에 영향을 미칠 수 있는 요소들로는 접근성과 경제성을 들 수 있다. 오프라인에서 성 매체는 다양한 법적 규제로 인해 접근성이 높지 않으며 비교적 큰 비용이 소요된다. 하지만 인터넷에서는 기술상의 한계나 인력상의 한계 등으로 인해 성 콘텐츠를 완벽히 규제하기 어렵기 때문에 상대적으로 접근성이 높다. 또한 비용을 들이지 않고도 다양한 사진과 동영상 등을 이용할 수 있다.

지금까지 제시된 특성으로 인해 인터넷은 성 활동의 매체로 빈번하게 사용된다. 하지만 아무리 성 활동이 일어나기 쉬

운 매체일지라도 대부분의 사람은 오프라인 성 활동을 선호하
며 일상생활에 지장을 겪지 않을 정도로만 제한적으로 사용한
다. 인터넷 성 중독에 빠지는 사람들은 소수인 것으로 확인되
고 있는데, 이들의 중요한 특징 중 하나는 현실의 대인관계에
서 적절히 성 욕구를 충족하지 못한다는 점이다. 예를 들면,
부부 성관계가 만족스럽지 않은 중년 남성은 인터넷 음란물을
통해 은밀하게 성적 욕구를 충족시키려 시도할 수 있다. 때로
는 인터넷 성 활동이 강박적인 양상을 띠기도 하는데, 이런 경
우 강박장애의 병리적 특성이 인터넷 성 중독으로 드러났을
가능성을 고려하기도 한다.

인터넷 성 중독은 다른 유형의 인터넷 중독과 구별되는 중
요한 특징을 가지고 있다. 바로 행위 자체가 중요한 주변 사람
들에게 매우 심각한 심리적 충격을 안겨 줄 수 있다는 점이다.
연구 결과에 따르면, 배우자나 연인의 인터넷 성 행위 사실을
알게 된 현실세계의 파트너는 심한 배신감과 수치심, 고립감,
질투, 분노, 당혹스러움 등의 다양한 부정적 감정을 경험하는
것으로 확인되었다(Schneider, 2000). 이러한 감정은 관계에 치
명적인 영향을 주며, 심할 경우 관계를 파괴시킬 수도 있다.
실제로 인터넷 성 중독 환자의 30% 정도는 파트너와 별거하거
나 이혼하는 경향이 있는 것으로 보고되고 있다. 실제적인 관
계를 유지하는 경우에도 절반 이상은 현실의 파트너와 성관계

를 갖는 것에 대해 흥미를 잃는 것으로 조사되었으며, 잠재적인 인터넷 성 행위에 대한 불안과 의심 때문에 파트너와 지속적인 갈등을 경험하는 것으로 확인되었다.

부모의 인터넷 성 중독은 자녀에게도 부정적인 영향을 미칠 수 있다. 우선, 인터넷 성 중독 문제로 인한 부부간의 반복적인 갈등 자체는 자녀에게 긴장감과 불만을 유발할 수 있다. 또한 부모가 각자의 관심사에 몰두해 있는 사이에 자녀들의 욕구는 무시되기 쉽다. 예를 들어, 인터넷 성 중독에 빠져 컴퓨터 앞에만 앉아 있는 아버지와 그런 아버지를 보며 불안과 분노에 사로잡혀 있는 어머니는 자녀들의 친밀감이나 안정감, 단란함에 대한 욕구에 충분히 관심을 기울이지 못한다. 이렇게 방치된 자녀들은 결국 가정 내에서는 자신의 욕구를 충족하기 어렵다는 결론에 이를 수 있다. 인터넷 성 중독으로 인한 갈등이 심하여 이혼을 하게 된 경우에는 부모의 이혼에 따른 혼란과 주변의 시선에 대한 불편감, 미래에 대한 불확실함 등으로 인한 추가적인 고통을 겪게 된다.

3) 일반화된 병리적 인터넷 사용

일반화된 병리적 인터넷 사용은 특정한 목적 없이 다양한 인터넷 활동을 지속하는 유형을 말한다. 이 유형은 휴대성이 뛰어난 스마트폰이 보급되면서 크게 주목을 받고 있다. 이 유형의 인터넷 중독자들은 특별한 이유 없이 인터넷 공간을 떠돈다. 뉴스 사이트에서 제공하는 기사를 읽거나 동영상, 만화, 소설 등을 이용하고, 수시로 채팅 프로그램을 이용해 다른 사람들과 특별한 목적 없는 대화를 나눈다. 그러다가 지루해지면 간단한 퍼즐 게임을 하며 시간을 보내다가 타인의 블로그를 살피기도 한다. 이 모든 활동의 공통점은 특별한 목적이 없다는 점이다. 이들은 그때그때의 흥미나 관심사에 따라 이곳저곳을 옮겨 가며 인터넷을 떠도는 경향이 있다. 이 유형의 인터넷 중독자들이 경험하는 큰 곤란은 일상 과제를 수행하는데 필요한 시간을 잃게 되는 것이다.

이들의 인터넷 사용 과정을 보면 호기심과 회피, 습관이 중요한 요소임을 알 수 있다. 이들이 처음 인터넷을 사용하기 시작하는 단계에는 호기심이 중요한 역할을 한다. 이들은 어떤 이유에서든 새로운 정보를 알고 있어야 한다는 신념을 가지고 있으며, 다양한 정보를 가능한 한 빠르게 수집하고 싶어 한다. 인터넷은 새로운 정보를 빠르고 값싸게 파악할 수 있는 매우 유용한 매체이기 때문에 이들은 수시로 인터넷을 확인한다.

이들은 인터넷을 회피의 수단으로 이용하기도 한다. 학업이나 직업과 관련된 일을 하다 보면 혹은 마음에 들지 않는 사람들과 불편한 대화를 나누다 보면, 답답함이나 짜증, 불안,

우울, 지루함 등의 부정적 감정을 경험할 수 있다. 인터넷은 그러한 감정을 일시적으로 완화하거나 해소시키는 유용한 도구다. 인터넷은 새롭고 재미있고 유용해 보이는 것들로 가득 차 있기 때문이다. 문제는 인터넷에 그런 콘텐츠들이 너무 많다는 것이다. 이들은 재미없고 힘든 현실세계보다 재미있고 쉬운 가상세계에 더 오래 머물고 싶어 한다.

호기심과 회피 욕구로 인해 인터넷을 반복적으로 사용하다 보면, 자연스럽게 습관이 형성된다. 우리의 뇌는 보상을 얻고 처벌을 피할 수 있는 행동을 강화하도록 구성되어 있다. 때문에 인터넷 사용 행동 또한 습관이 될 수 있다. 인터넷 사용 행동이 습관이 되면, 특정한 상황에서 자동적으로 인터넷을 사용하게 된다. 예를 들어, 집에서 식사를 할 때 아버지의 잔소리가 괴로워 스마트폰으로 인터넷 사용을 반복할 경우, 아버지가 없더라도 식탁에 앉기만 하면 자동적으로 스마트폰을 꺼내 인터넷에 접속하게 되는 것이다. 이렇게 습관화된 행동은 강한 반복성과 변화 저항성을 갖게 된다.

특정한 목적이 없는 병리적 인터넷 사용을 반복하는 사람들에 대해 연구한 결과들을 보면, 현실의 대인관계에서 어려움을 겪는 경우가 많았다. 이들은 외로움, 불안감, 수치심이나 죄책감을 자주 경험하는 사람들로 이러한 감정들로부터 회피하기 위해 인터넷을 사용하는 경향이 있는 것으로 보고되고 있다. 이들은 특히 블로그나 커뮤니티, 채팅 등의 소셜 네트워크 서비스social network services를 이용하며 많은 시간을 보내는 경향이 있었는데, 온라인상에서 다른 사람들과 좀 더 활발하고 긍정적인 관계를 맺는 사람들이 더 오래 인터넷을 사용하는 것으로 나타났다. ◆

6. 인터넷 중독의 발생률

1) 국외

인터넷 중독은 아직 진단체계가 확립되지 않았기 때문에 정확한 유병률을 산출하는 데 어려움이 있다. 현재 실시된 연구들은 서로 다른 진단체계와 척도를 사용하고 있어 유병률을 직접적으로 비교할 수 없다. 하지만 전체적으로 볼 때 서양보다는 동양에서 유병률이 더 높게 나타나는 것으로 확인되고 있다. 현재까지의 보고를 정리하면, 미국이나 유럽에서는 유병률이 1.5~8.2% 정도로 나타나는 반면, 중국을 포함한 아시아권에서는 3.5~18.5%로 높게 나타나고 있다.

2) 국내

국내에서 실시된 유병률 조사결과에 따르면, 성인의 경우 1.3~3.5%의 유병률을 보였으며, 청소년은 2.3~10.7%의 유병률을 보였다. 이 결과는 국외에서 실시된 대부분의 조사와 마찬가지로 전문가의 진단이 아닌 자기보고식 척도를 이용하여 수집된 결과를 토대로 한 것이다. 따라서 대략적인 경향성을 파악하기 위한 참고자료로만 사용하는 것이 바람직하다. 연구들에서 일관적으로 나타나는 중요한 현상은 청소년의 유병률이 성인에 비해 높다는 것이다. 이러한 현상은 아시아권에서 특히 두드러지게 나타나는 것으로 보고되고 있다. ◈

7. 인터넷 중독의 자가진단

대부분의 중독문제가 그렇듯 인터넷 중독 또한 증상이 심각해지기 전에 적절한 치료를 받는 것이 중요하다. 하지만 자신의 인터넷 사용 행동이 정상행동의 범주에 속하는지, 아니면 치료가 필요한 중독 수준인지를 스스로 판단하는 것은 매우 어렵다. 가장 정확한 방법은 전문가의 임상면접과 체계적인 심리검사를 통해 증상의 정도를 평가받는 것이다. 이 방법이 부담스럽다면 간단한 자가진단용 질문지를 이용할 수 있다.

인터넷 중독의 하위 유형들은 몇 가지 중요한 특징을 서로 공유하지만, 유형별로 고유한 면을 가지고 있다. 따라서 자가진단용 질문지를 이용할 때에는 각 유형의 고유한 특징을 잘 반영한 문항들을 이용하는 것이 바람직하다. 앞서 살펴본 3가지 인터넷 중독 유형별로 증상의 정도를 확인하기 위한 질문지들이 마련되어 있다. 이 절에서는 그중 가장 대표적인 3가지 질문지를 소개하고자 한다. 우선, 레멘스Lemmens와 동료들이 개발한 인터넷 게임 장애 간이진단검사를 제시하였다(Lemmens, Valkenburg, & Gentile, 2015).

이 검사도구에 사용된 문항들은 모두 DSM-5에서 제시하고 있는 인터넷 게임 장애 진단기준을 이용하여 구성되었다. 총 9개의 문항이 있으며, 각 문항은 '예' 혹은 '아니요'로 답하도록 되어 있다. 9개의 문항 중 5개 이상의 문항에 '예'로 답했다면 인터넷 게임 장애의 가능성이 있다고 해석한다. 이 경우 가까운 치료기관에서 인터넷 게임 장애에 대한 추가적인 평가를 받아 볼 필요가 있다.

🔑 인터넷 게임 장애의 간이진단검사

* 지난 일 년 동안 다음 문장들에서 제시하고 있는 내용이 실제로 일어났는지 '예/아니요'로 응답하세요.	예	아니요
1. 게임하는 생각에만 몰두한 적이 있다.		
2. 게임을 더 하고 싶은데 못해서 불만스러웠던 적이 있다.		
3. 게임을 할 수 없어서 몹시 괴로웠던 적이 있다.		
4. 주변 사람들이 반복적으로 게임 시간을 줄이라고 해서 시도했지만 실패한 적이 있다.		
5. 짜증나는 일들에 대해 생각하지 않기 위해 게임을 한 적이 있다.		
6. 나의 게임 행동이 내 삶에 미치는 영향과 관련하여 다른 사람들과 언쟁을 한 적이 있다.		
7. 게임을 얼마나 했는지 다른 사람들에게 숨긴 적이 있다.		
8. 게임을 하는 것이 제일 좋아서 다른 취미나 활동들에 대해 흥미를 잃은 적이 있다.		
9. 게임 때문에 가족이나 친구, 연인과 심한 갈등을 경험한 적이 있다.		

* '예'로 응답한 문항의 수가 5개 이상이면 인터넷 게임 장애의 가능성이 있음.

인터넷 성 중독 진단검사로는 델모니코Delmonico와 밀러Miller
가 개발한 인터넷 성 행동 선별검사를 제시하였다(Delmonico
& Miller, 2003). 이 검사도구는 인터넷 성 중독 환자들이 나타내
는 정서적 · 행동적 특성들을 기술하고 있는 25개의 문항으
로 구성되어 있다. 각 문항이 기술하고 있는 내용이 자신의
실제 정서적 · 행동적 특성과 일치한다면 체크를 하며, 25개
의 문항을 모두 확인한 뒤 체크된 문항의 수를 합산하여 총점
을 계산한다. 체크한 문항이 많을수록 인터넷 성 중독의 가능
성은 높아진다. 체크한 문항이 9개 이상이면 위험군으로 간
주하고 추가적인 평가를 받아 보도록 권한다. 체크한 문항의
수가 19개 이상이면 인터넷 성 중독의 가능성이 매우 높은
것으로 해석하며, 즉시 전문 치료기관의 평가 및 치료를 받
도록 권한다.

인터넷 성 중독의 간이진단검사

* 각 문장을 주의 깊게 읽고, 문장이 사실에 가까우면 체크를 해 두시기 바랍니다. 모든 문장을 다 읽고 나면 체크된 문항의 수를 합산하세요.

나는 …

1. 몇 개의 성적 사이트를 즐겨찾기에 추가해 두었다.
2. 일주일에 5시간 이상 성적 용도로 컴퓨터를 사용한다.
3. 온라인 음란물에 접속하려고 음란 사이트에 가입한 적이 있다.
4. 온라인으로 성 관련 상품들을 구입한 적이 있다.
5. 인터넷 검색을 통해서 음란 자료를 찾아본 적이 있다.
6. 계획했던 것보다 온라인 음란물에 더 많은 돈을 사용했다.
7. 인터넷 섹스 **예: 음란물 시청, 음란 채팅, 성인용품 구매 등** 때문에 나의 삶이 방해를 받은 적이 있다.
8. 다른 사람들과 성적인 내용의 채팅을 한 적이 있다.
9. 인터넷에서 성적 의미가 있는 이름이나 별명을 사용한 적이 있다.
10. 인터넷을 보면서 자위행위를 한 적이 있다.
11. 내 컴퓨터가 아닌 다른 컴퓨터로 음란 사이트에 접속한 적이 있다.
12. 아무도 내가 성적 목적으로 인터넷을 사용하는지 모른다.
13. 컴퓨터 모니터에 있는 것을 다른 사람들이 보지 못하게 숨기려고 한 적이 있다.

14. 자정이 넘도록 온라인 음란물을 보느라 잠을 자지 않은 적이 있다.
15. 인터넷을 사용해서 색다른 성적 취향을 시험해 본 적이 있다 **예: 노예적인 성관계, 동성연애, 항문 성관계 등.**
16. 성적인 자료들을 담고 있는 나만의 웹사이트를 가지고 있다.
17. 다시는 성적인 목적으로 인터넷을 사용하지 않겠다는 약속을 스스로에게 한 적이 있다.
18. 무언가를 성취한 후 보상으로 사이버 섹스**인터넷을 이용해 만난 사람과의 성관계**를 하는 경우가 있다 **예: 프로젝트를 끝내거나 스트레스가 많은 날 등.**
19. 온라인으로 음란물을 접속할 수 없을 때 불안, 분노 또는 실망감을 느낀다.
20. 온라인에서 대담성이 증가되었다 **예: 이름과 전화번호를 알려 주거나, 직접 사람들을 만나는 등.**
21. 성적인 목적으로 인터넷을 사용했을 때 일정 시간 후 컴퓨터가 자동으로 꺼지게 만들거나 인터넷 가입을 취소하는 등 스스로에게 제재를 가한 적이 있다.
22. 온라인에서 만난 사람들을 연애 목적으로 직접 만난 적이 있다.
23. 온라인상에서 다른 사람들에게 성적인 유머와 성적인 암시를 한 적이 있다.
24. 인터넷을 하면서 우연히 불법 음란물을 본 적이 있다.
25. 내 자신이 인터넷 섹스 중독이라고 믿는다.

1~8개: 인터넷 성 중독의 위험이 낮음.
9~18개: 인터넷 성 행동으로 인해 일상생활에 문제가 생길 위험이 있

음. 전문가에게 추가 검사를 받아 보아야 함.
19개 이상: 인터넷 성 중독의 위험성이 큼. 인터넷 성 행동으로 인해
일상생활에 큰 지장을 경험하고 있을 가능성이 높음. 전문가에게
검사와 상담을 받아 보아야 함.

마지막으로, 특정한 목적이 없는 과도한 인터넷 사용 문제
를 확인하기 위해 카플란Caplan이 개발한 자기 보고형 질문지
를 소개한다(Caplan, 2010). 이 검사도구는 앞서 소개된 두 검사
도구와 달리 인터넷 사용의 유형을 특정하고 있지 않으며, 전
반적인 인터넷 사용의 정도와 인터넷 중독 관련 증상을 측정
한다. 즉, 인터넷 사용에 대한 몰두와 기분조절 수단으로 인터
넷을 사용하는 것, 금단증상, 인터넷 사용으로 인한 부정적 결
과, 인터넷 사용과 관련된 통제 결여 등을 주로 측정한다. 여기
에 더해 다른 사람들과 상호작용하는 공간으로 인터넷을 선호
하는 정도를 평가한다. 총 15개의 문항으로 구성되어 있으며,
각 문항은 1점전혀 그렇지 않다에서 8점매우 그렇다 사이의 값으로 평
정된다. 각 문항의 점수를 합하여 총점을 계산하며, 총점이 높
을수록 병리적 인터넷 사용 증상이 심각한 것으로 해석한다.
일반적으로 점수 총합이 68점 이상이면 위험군으로 간주하며,
전문가에게 추가적인 평가와 치료를 받도록 권한다. ◈

특정한 목적이 없는 병리적 인터넷 사용의 간이진단검사

* 다음 문장을 잘 읽고 얼마나 자신의 경험과 일치하는지를 1점전혀 그렇지 않다에서 8점매우 그렇다 사이의 점수로 응답해 주세요.

나는 …

| 1 | 2 | 3 | 4 | 5 | 6 | 7 | 8 |

전혀
그렇지 않다   매우
                                                 그렇다

1. 사람들을 직접 만나는 것보다 온라인
   에서 만나는 것이 더 좋다. 1 2 3 4 5 6 7 8
2. 사람들을 직접 만나는 것보다 온라
   인에서 만나는 것이 더 편하다. 1 2 3 4 5 6 7 8
3. 사람들과 직접 만나는 것보다 온라
   인에서 소통하는 것을 더 선호한다. 1 2 3 4 5 6 7 8
4. 고립된 느낌이 들 때 다른 사람들과
   대화하기 위해 인터넷을 사용한다. 1 2 3 4 5 6 7 8
5. 기분이 가라앉았을 때 기분을 나아
   지게 하기 위해 인터넷을 사용한다. 1 2 3 4 5 6 7 8
6. 짜증이 나거나 불쾌할 때 기분을 나아
   지게 하기 위해 인터넷을 사용한다. 1 2 3 4 5 6 7 8
7. 일정 시간 동안 인터넷을 사용하지
   않으면 인터넷 사용에 대한 생각에
   몰두하게 된다. 1 2 3 4 5 6 7 8

8. 인터넷을 사용하지 못하게 되면 어
   찌할 바를 모를 것 같다. ················· 1 2 3 4 5 6 7 8

9. 인터넷을 사용하지 않을 때면 강박적
   으로 인터넷 사용에 대해 생각한다. ···· 1 2 3 4 5 6 7 8

10. 인터넷 사용 시간을 통제하는 데 어
    려움을 겪고 있다. ························· 1 2 3 4 5 6 7 8

11. 인터넷 사용 행동을 통제하는 것이
    어렵다. ····································· 1 2 3 4 5 6 7 8

12. 인터넷을 사용하지 않을 때면 인터
    넷을 사용하고 싶은 충동을 억제하
    기가 힘들다. ······························ 1 2 3 4 5 6 7 8

13. 인터넷 사용 습관 때문에 일상생활
    을 적절히 관리하는 것이 어렵다. ······ 1 2 3 4 5 6 7 8

14. 인터넷을 사용하다가 다른 사람들
    과의 약속이나 활동을 잊어버린다. ···· 1 2 3 4 5 6 7 8

15. 인터넷 사용 습관 때문에 내 삶에
    문제들이 생겼다. ·························· 1 2 3 4 5 6 7 8

* 점수 총합이 68점 이상이면 위험군이며, 전문가의 상세한 평가와
  치료를 권함.

인터넷 중독은
왜 생기는가

2

1. 스트레스 사건과 인터넷 중독

2. 병리적 인터넷 사용의 원인이론

3. 인터넷 게임 장애의 원인이론

4. 인터넷 성 중독의 원인이론

5. 인터넷 중독의 생물학적 원인

1. 스트레스 사건과 인터넷 중독

스트레스 사건과 인터넷 사용의 관계를 살핀 많은 연구에서는 스트레스 사건을 많이 경험할수록 인터넷 사용 행동이 증가한다는 사실을 확인했다. 이러한 현상은 인터넷 중독의 유형과 관계없이 공통적으로 나타난다. 이는 어떤 유형의 인터넷 사용이든 스트레스를 완화하는 도구로 사용될 수 있음을 보여 준다. 스트레스와 인터넷 중독의 관계는 2가지 임상적 시사점을 갖는다. 첫째로, 스트레스를 줄이면 인터넷 사용 행동의 빈도와 양 또한 줄어들 수 있다. 기존의 스트레스 완화 기법들을 적절히 활용하면 인터넷 중독을 어느 정도 개선할 수 있는 것이다. 둘째로, 스트레스를 완화할 수 있는 다른 대안을 개발하면 인터넷 사용에 대한 의존도가 줄어들 수 있다. 대부분의 사람은 늘 일정 수준의 스트레스를 받으며 살아간다. 이들이 과도한 인터넷 사용 행동을 나타내지 않는 것은 스트레스를 적게 받아서라기보다 스트레스를 적절히 해소할 수 있는 다른 대안이 있기 때문이다. 따라서 인터넷 사용 이외에 다른 스트레스 해소 수단을 마련하는 것이 인터넷 중독 개선의 중요한 과제라고 볼 수 있다. ◈

2. 병리적 인터넷 사용의 원인이론

1) 데이비스의 인지행동모델

데이비스는 인터넷 중독을 병리적 인터넷 사용 행동으로 개념화하고 이를 설명하는 인지행동모델을 제안하였다(Davis, 2001). 그에 따르면 병리적 인터넷 사용은 크게 2가지 유형으로 구분된다. 첫 번째 유형은 특정한 병리적 인터넷 사용으로, 특별한 목적을 가지고 인터넷을 사용하는 유형이다. 두 번째 유형은 일반화된 병리적 인터넷 사용으로, 특별한 목적 없이 인터넷에 머물면서 다양한 활동을 하는 유형이다.

데이비스는 병리적 인터넷 사용에 영향을 미치는 요인을 필요조건적 원인necessary cause과 충분조건적 원인sufficient cause, 공헌요인contributory cause으로 구분하고, 시간적인 거리에 따라 다시 근접원인proximal cauoo과 원격원인distal cause으로 구분하였다. 필요조건적 원인은 증상이 발현되기 위해 필요한 요인이지만 반드시 증상을 발현시키지는 않는 원인을 말하며, 충분조건적 원인은 반드시 증상을 유발하는 원인을 의미한다. 공헌요인은 증상발현의 가능성을 높이지만 필요조건이나 충분조건은 되지 못하는 원인을 말한다. 근접원인과 원격원인은 증상 발생에 근접한 정도로 구분한 것이다.

데이비스에 따르면 우울이나 사회불안, 물질의존과 같은 정신병리psychopathology는 원격 필요조건적 원인이다. 이 관점에 따르면, 병리적 인터넷 사용 증상이 나타나기 위해서는 다른 정신병리 혹은 심리장애가 존재해야 한다. 또 다른 원격 필요조건적 원인은 인터넷 사용 경험이다. 어떤 활동이 되었든 인터넷을 사용한 경험이 있어야 병리적 인터넷 사용 증상이 나타날 수 있다. 정신병리를 지니고 있는 사람이 인터넷을 사용하면 병리적 인터넷 사용 행동이 나타날 가능성이 높아진다. 이 과정에 영향을 미치는 원격 공헌요인은 강화reinforcement 과정이다. 즉, 인터넷 사용 행동을 한 뒤 다양한 보상을 경험하게 되면 조작적 조건형성이 일어나 인터넷 사용 행동이 강화된다. 또한 인터넷 사용 행동과 관련된 다양한 상황단서컴퓨터 구동 시 기계음, 키보드의 촉감, 사무실의 냄새 등가 고전적 조건형성으로 인터넷 사용과 연합되면, 해당 단서가 제시될 때마다 자연스럽게 인터넷 행동을 유발하게 된다.

앞서 제시된 3가지 원격원인은 병리적 인터넷 사용에 직접적으로 영향을 미치는 근접 충분조건적 원인인 부적응적 인지 maladaptive cognition를 유발한다. 부적응적 인지가 형성되면 병리적 인터넷 사용 증상이 반드시 나타난다. 데이비스에 따르면 병리적 인터넷 사용을 유발하는 부적응적 인지는 크게 2가지 주제로 구분된다. 첫 번째 주제는 자기self에 관한 사고다. 여기에는 자신의 인터넷 사용과 관련된 부적응적 사고들이 포함되어 있다. 주된 내용은 인터넷을 사용하지 않을 때의 자신에 대한 부정적 평가, 인터넷을 사용할 때의 자신에 대한 긍정적 평가, 인터넷 사용 행동 통제와 관련된 부정적 생각 등이다. 자기에 대한 부적응적 인지의 대표적인 예로는 다음과 같은 생각을 들 수 있다.

- '나는 현실에서는 쓸모없는 사람이지만 온라인에서는 꽤 괜찮은 사람이다.'
- '나는 온라인에서만 제대로 나를 표현할 수 있다.'
- '현실에서의 나는 실패자일 뿐이다.'

두 번째 주제는 세상에 관한 사고다. 여기에는 외부세계와 인터넷 공간, 타인에 대한 부적응적인 사고들이 포함되어 있다. 주된 내용은 외부세계와 타인에 대한 부정적 생각, 인터넷 공간에 대한 긍정적 생각 등이다. 세상에 대한 부적응적 인지의 대표적인 예로는 다음과 같은 생각을 들 수 있다.

- '내가 유일하게 존중받는 곳은 인터넷 공간이다.'
- '현실에서는 누구도 나를 사랑하지 않는다.'
- '인터넷만이 나의 유일한 친구다.'
- '현실의 세상은 거짓과 위선, 편견으로 가득 차 있다.'

데이비스는 제시된 부적응적 인지가 2가지 유형의 병리적 인터넷 사용을 유발한다고 제안했다. 특정한 목적이 있는 병리적 인터넷 사용에 영향을 미치는 근접원인은 부적응적 인지가 유일하다. 이 유형은 인터넷 사용 목적에 따라 다시 다양한 하위 유형예: 인터넷 게임 장애, 인터넷 성 중독으로 구분될 수 있다. 데이비스에 따르면, 세부 하위 유형은 원격 필요조건적 원인인 정신병리의 유형과 밀접한 관련이 있다. 원래부터 도박 장애를 가지고 있던 사람은 인터넷을 이용해 도박을 시도할 것이고 결과적으로 인터넷 도박 장애 증상을 나타낼 것이다. 오프라인에서 강박적으로 음란물을 사용해 왔던 사람은 인터넷을 이용한 성 행위에 몰두하는 인터넷 성 중독 증상을 나타낼 수 있다. 마찬가지로 오프라인 게임 중독의 병리를 지니고 있는 사람은 인터넷을 이용한 게임에 몰두할 수 있다.

특정한 목적이 없는 병리적 인터넷 사용에는 부적응적 인지 이외에 또 하나의 근접원인인 사회맥락적 요인이 영향을 미친다. 이 요인은 근접 공헌요인으로 사회적 지지의 부족과 사회적 고립이 여기에 포함된다. 데이비스에 따르면, 이 유형에 속하는 사람들은 현실에서의 외로움으로 인해 특별한 목적 없이 인터넷 공간에 머물면서 이메일e-mail을 반복적으로 체크하거나 게시판 글을 확인하면서 많은 시간을 보내곤 한다. 이들의 문제행동에 영향을 미치는 중요한 심리적 취약성은 꾸물거림procrastination이다. 꾸물거리는 특성을 이미 가지고 있는 사람들 중 일부는 인터넷을 접하게 되면서 자신이 해야 할 일을 미루는 수단으로 인터넷을 사용하기 시작한다. 그에 따라 병리적 인터넷 사용을 부추기는 부적응적 인지가 형성되고, 그 결과 특정한 목적이 없는 병리적 인터넷 사용 행동이 유발되는 것이다.

병리적 인터넷 사용이 반복됨에 따라 다양한 증상이 나타날 수 있다. 앞서 살펴보았던 인터넷 중독의 다양한 증상, 즉 인터넷 사용에 대한 강박적인 생각, 오프라인일 때 인터넷 사용에 대해 생각하고 기대하는 것, 인터넷 사용에 대한 통제능력 저하, 많은 돈과 시간을 인터넷에 사용하는 것, 기존의 취미활동에 흥미를 잃는 것, 오프라인의 친구나 가족보다 온라인의 친구들과 시간을 보내려 하는 것, 자신의 인터넷 사용에

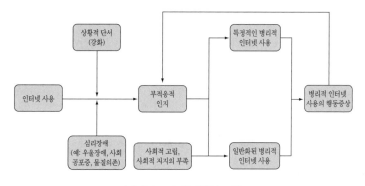

〈데이비스의 인지행동모델〉

대한 죄책감, 다른 사람들에게 인터넷 사용 시간을 속이는 행동 등이 나타날 수 있다.

2) 카플란의 모델

스콧 카플란은 특정한 목적이 없는 병리적 인터넷 사용에 대한 데이비스의 모델을 좀 더 정교화한 모델을 제시한 바 있다(Caplan, 2003). 그는 병리적 인터넷 사용을 나타내는 사람들이 대인관계에서 어려움을 겪는 경향이 있다는 경험적 연구결과들에 주목하여, 대인관계와 관련된 심리적 특징과 병리적 인터넷 사용 간의 관계를 구체적으로 탐색했다. 특히 오프라인에서의 면대면 의사소통과 온라인에서의 의사소통에 대한

체계적인 조사를 통해 대인관계에서 문제를 겪는 사람들이 온
라인 소통을 선호하게 되는 과정을 제시하였다.

온라인 소통의 특징에 대한 기존의 연구들을 검토한 카플
란은 온라인에서의 소통이 갖는 몇 가지 장점을 제시했다. 첫
째로, 온라인 상황에서는 정보를 선별하여 제시할 수 있다. 오
프라인에서는 숨기고 싶은 정보들까지도 공개되는 경우가 많
다. 예를 들어, 얼굴이나 옷차림, 말투, 습관적인 행동 등이 여
과되지 않은 채 전달되곤 한다. 하지만 온라인에서는 원하지
않는 정보는 숨기고 마음에 드는 정보만 보여 줄 수 있다. 때
문에 사람들은 긍정적인 이미지를 남길 수 있는 단서들만을
제시하는 선별적인 자기표현을 할 수 있게 된다.

둘째로, 정보전달의 속도를 조절할 수 있다. 오프라인에서
는 다른 사람들의 소통 속도에 맞추어 정보를 제공하지 않으
면 대화에서 소외되기 쉽고 경우에 따라서는 무례하다는 인상
을 줄 수 있다. 하지만 온라인에서는 상대적으로 정보전달의
속도를 늦추는 것이 가능하다. 특히 게시글과 답글 형식의 소
통일 경우 원하는 만큼 시간을 들여 정보를 전달할 수 있다.
충분히 생각하고 정리하여 정돈된 방식으로 정보를 제시할 수
있는 것이다. 이러한 방식의 정보전달은 긍정적 이미지를 형
성하는 데 도움이 된다. 또한 의사소통 과정에서 발생할 수 있
는 인지적인 압박을 덜어 주기 때문에 상대적으로 편안하게

상대와 소통할 수 있게 된다.

셋째로, 편견의 영향을 받지 않고 평등한 상태에서 관계를 맺을 수 있다. 온라인은 선택적으로만 정보가 공개되기 때문에 원하면 익명성을 유지할 수 있다. 이런 경우, 사회적 지위나 경제적 지위, 외모 등 편견을 일으킬 수 있는 요소가 배제되기 때문에 상대적으로 평등한 상태에서 다른 사람들과 관계를 맺게 된다. 이때 중요한 것은 소속된 온라인 집단의 규준을 잘 이해하고 지키는 것이다. 이 부분만 잘 이행하면 다른 사용자들로부터 충분한 지지와 인정을 받을 수 있다.

제시된 온라인 소통의 특징이 모든 사람에게 매력적인 것은 아니다. 상대방에게 있는 그대로의 모습을 보여 주면서 자연스럽게 대화하는 것을 선호하는 사람들은 온라인 소통에 큰 매력을 느끼지 못할 수 있다. 하지만 다른 사람들에게 보이고 싶지 않은 모습이 많거나 대인관계 상황에서 정보처리가 원활하지 않아 압박을 느끼는 사람들에게는 온라인 소통이 매우 매력적인 방법으로 다가올 수 있다. 실제로 자신감이 부족하거나 대인관계 능력이 부족한 사람들이 그렇지 않은 사람들에 비해 인터넷을 이용한 상호작용을 더 선호하는 것으로 보고되고 있다.

카플란은 이러한 연구결과들을 토대로 일반화된 병리적 인터넷 사용을 설명하는 간단한 모델을 제시하였다. 이 모델에 따르면 대인관계 능력이 부족하거나 대인관계 상황에서 불안을 많이 느끼는 사람들은 인터넷을 이용한 상호작용의 선호 preference for online social interaction: POSI를 발달시킨다. 이들은 인터넷을 이용해 다른 사람들과 소통할 때 오프라인에서는 경험할 수 없던 편안함과 안전감, 통제감을 느끼기 때문에 POSI가 점점 더 강해진다. POSI가 강해지면 인터넷을 이용하는 행동이 증가하게 되고 심할 경우 병리적인 인터넷 사용 증상을 나타낼 수 있다.

카플란에 따르면, POSI가 강한 사람들은 외로움과 같은 부정적 감정을 경험할 때 인터넷을 사용함으로써 그러한 감정을 완화하거나 해소하려는 경향이 있다. 이렇게 감정조절 수단으로 인터넷을 반복적으로 사용하면 인터넷 사용 행동이 중요한 정서대처 수단으로 자리를 잡게 된다. 즉, 부정적 감정을 경험하게 되면 자동적으로 인터넷을 사용하는 습관이 형성될 수 있다. 이 단계에 이를 경우 인터넷 사용 행동에 대한 통제력이 점차 약해지며, 그에 따라 부정적인 결과를 인식하고 있음에도 인터넷을 반복적으로 사용하는 양상이 나타나게 된다.

3) 라로스와 이스틴의 모델

데이비스가 인터넷 중독에 영향을 미치는 인지적인 구조에 초점을 두었다면, 라로스LaRose와 이스틴Eastin은 인터넷 사용 행동이 인터넷 중독으로 발전하는 과정을 욕구와 신념, 행동 수준에서 포괄적으로 기술했다(LaRose & Eastin, 2004). 라로스를 중심으로 한 연구팀이 인터넷 사용 행동을 설명하기 위해 처음 사용했던 모델은 이용use—충족gratification 모델이었다. 이 모델은 대중의 미디어 사용 행동을 연구해 온 학자들이 주로 사용했던 것으로 심리학자들에 의해 개발된 욕구—충족 모델과 유사하다. 즉, 대중이 어떤 미디어를 능동적으로 사용하는 것은 특정한 욕구를 충족시키기 때문이라는 것이 이용—충족 모델의 핵심이다. 이 관점에서 보면 인터넷 사용 행동은 특정한 욕구를 충족시키기 때문에 나타나고 지속된다.

관련 연구들을 종합해 보면, 인터넷 사용을 통해 충족되는 욕구의 유형은 대략 5가지로 요약될 수 있다. 첫 번째 유형은 대인관계 욕구다. 이 유형은 대인관계와 관련된 다양한 욕구를 포함한다. 즉, 타인과 함께 어울리고 싶은 욕구나 타인의 관심을 얻고 싶은 욕구, 타인을 돕고 싶은 욕구, 타인을 공격하고 싶은 욕구, 타인에게 영향력을 행사하고 싶은 욕구 등이 여기에 포함될 수 있다. 두 번째 유형은 즉각적인 즐거움을 경험하고자 하는 욕구다. 인터넷에 담겨 있는 다양한 동영상이나 만화, 소설, 유머 등은 즉각적인 즐거움을 제공하기 때문에 이 욕구를 효과적으로 충족시킨다. 세 번째 유형은 새로운 정보를 빠르게 수집하고자 하는 욕구다. 인터넷은 사용 방법만 충분히 익히면 방대한 양의 정보를 매우 적은 비용을 들여 빠르게 얻을 수 있다. 네 번째 유형은 편리함에 대한 욕구다. 인터넷은 정보의 저장과 교환, 이용의 측면에서 다른 어떤 매체보다도 우수하다. 노트북이나 스마트폰과 같이 인터넷을 사용할 수 있는 도구만 갖추고 있다면 시간과 장소의 제약을 받지 않고 원하는 대로 정보를 이용할 수 있다. 다섯 번째 유형은 지루함을 피하고자 하는 욕구다. 사람이라면 누구나 특정 상황에서 지루함을 느낄 수 있다. 하고 있는 일이 흥미를 끌지 못할 때나 앞에 앉아 있는 사람이 같은 이야기를 단조롭게 반복할 때 우리는 쉽게 지루함을 느끼곤 한다. 지루함은 그 자체로 불쾌하기 때문에 사람들은 저마다 지루함을 피하기 위한 방법들을 마련해 둔다. 이때 인터넷을 통해 할 수 있는 다양한 활동은 지루함을 피하는 수단으로 사용될 수 있다.

앞서 열거된 욕구들은 사람이라면 누구나 가지고 있을 법한 일반적인 욕구들이다. 관건은 인터넷이라는 도구가 이러한 욕구들을 얼마나 효과적으로 충족시키는가 하는 점인데 이미 여러 차례 언급하였듯이 인터넷은 매우 효과적으로 제시된 욕구들을 충족시킬 수 있다. 현대사회에서 인터넷 사용 행동을 매우 흔하게 찾아볼 수 있는 것은 바로 이 때문이라 할 수 있다. 하지만 효과적인 도구라 해서 모두가 능동적으로 사용하는 것은 아니다. 즉, 객관적으로 효과적인 도구라고 해서 반드시 모든 사람이 그 도구를 선택할 것이라고 확신할 수는 없다. 주어진 욕구를 충족시킬 수 있는 다른 대안은 얼마든지 있기 때문이다. 라로스와 이스틴은 이용─충족 모델의 설명력이 낮은 이유를 여기에서 찾고 있다. 이들에 따르면, 욕구를 충족시킬 수 있는 효과적인 도구일지라도 실질적인 사용 방법을 습득하지 못하면 반복적으로 사용되기 어렵다. 또한 도구를 사용하여 효과적으로 욕구를 충족시켰던 경험이 누적될 경우에만 도구에 대한 긍정적인 기대가 형성되어 추가적인 사용 행동으로 이어질 수 있다.

이들은 이러한 측면을 포착하기 위해 임상심리학자이자 사회학습이론가인 반두라Bandura의 자기효능성self-efficacy 개념을 가져와 모델을 확장시켰다. 자기효능성이란 특정 상황에 대처하는 자기 자신의 능력에 대한 믿음을 의미한다. 인터넷 사용과 관련된 자기효능성은 인터넷을 통해 자신의 욕구나 필요를 효과적으로 달성할 수 있다는 지각된 능력을 말한다. 라로스와 이스틴에 따르면, 인터넷을 사용하면서 실질적인 욕구 충족 경험을 반복할 경우 관련된 자기효능성이 강화되며, 그에 따라 인터넷 사용에 대한 긍정적 기대가 높아지고, 결과적으로 실제 인터넷 사용 행동 또한 증가하게 된다.

이렇게 인터넷 사용과 관련된 자기효능성이 강화되어 인터넷 사용 행동이 반복되면 행동 수준에서 중요한 변화가 일어난다. 인터넷 사용 방법을 배우고 실습하는 초기 단계에서는 주로 의식적이고 능동적인 방식으로 인터넷 사용을 선택했다면, 점차 비의식적이고 습관적인 방식으로 인터넷 사용을 선택하게 되는 것이다. 어찌 보면 이러한 현상은 우리의 뇌가 에너지를 효율적으로 사용하기 위해 뇌세포 간 연결을 변형시키는 과정에서 나타나는 자연스러운 현상이라고 볼 수 있다. 따라서 이러한 변화 과정 자체를 병리적이라 볼 수는 없으며, 대부분의 정상인은 이러한 변화가 일어나더라도 필요한 순간에 자동화된 선택을 멈추고 보다 적응적인 행동을 선택한다. 예를 들어, 습관적으로 인터넷을 사용하다가도 직장이나 가정에서의 의무 이행에 큰 지장을 주고 있다는 사실을 알아차리면, 대부분의 사람은 인터넷 사용을 멈추고 자신의 책임을 수행하는 데 더 많은 노력을 기울인다. 문제가 되는 경우는 다양한 측면에서 자신과 주변 사람들에게 부정적인 영향을 미친다는 사실을 알면서도 습관적인 인터넷 사용을 멈추지 못하는 것이다.

라로스와 이스틴은 이렇게 자신의 인터넷 사용 행동을 통제하는 데 실패하여 과도한 인터넷 사용 행동을 나타내는 사람들을 설명하기 위해 자기조절self-regulation 모델을 도입하였다. 자기조절이란 바라는 목표를 달성하기 위해 자신의 생각이나 감정, 행동 등을 적절히 조절하는 것을 의미한다. 라로스와 이스틴에 따르면, 인터넷 중독행동은 자기조절의 실패로 개념화할 수 있다. 인터넷 중독 문제를 가진 사람들이 인터넷 사용 행동과 관련하여 자기조절에 실패하는 이유는 크게 2가지 측면에서 살펴볼 수 있다. 첫 번째 이유는 이들이 자기관찰 self-observation에 실패하는 경향 때문이다. 여기서 자기관찰이란 행동과 결과의 관계성에 주의를 기울여 파악하는 것을 의미한다. 인터넷 중독 문제에 빠지는 사람들은 다른 정상인들에 비해 자기관찰 능력이 결여되어 있을 수 있다. 이들은 자신의 인터넷 사용 행동이 가져올 다양한 결과에 충분히 주의를 기울이지 못하며, 그에 따라 보다 합리적인 판단을 내리는 데 어려움을 겪는다. 라로스와 이스틴은 인터넷 중독 행동을 보이는 사람들이 어떤 이유로 자기관찰 능력이 결여되어 있는지에 대해서는 체계적인 설명을 제시하지 않았다. 한 가지 고려해 볼 수 있는 것은 자신의 생각과 감정 등의 내적 변화에 주의를 기울여 알아차리는 기본적인 내성introspection 능력의 부족이다. 자신의 내적 경험을 알아차리는 능력이 부족하면 자신이 선택할 행동과 그러한 행동이 가져올 장기적인 결과 등에 대한 사고의 흐름을 충분히 파악하기 어려울 수 있다.

두 번째 이유는 자기반응self-reaction에 실패하기 때문이다. 여기서 자기반응이란 경험을 통해 습득한 행동규준과 자기관찰을 통해 파악된 내용을 고려하여 적절히 행동을 조정하는 것을 의미한다. 예를 들어, '가족을 크게 실망시켜서는 안 된다.'는 행동규준을 지닌 사람이 있다고 가정해 보자. 어느 날이 사람은 자기관찰을 통해 자신이 인터넷 사용에 과도하게 많은 시간을 사용하여 주어진 일들을 적절히 처리하지 못하고 있으며, 가족이 곧 이 사실을 알게 되어 크게 실망할 것이라는 점을 파악했다. 그러고는 자신의 행동규준에 맞게 인터넷 사용 행동을 줄이기 위해 인터넷 사용 계획표를 작성하고 컴퓨터를 눈에 띄지 않는 곳으로 치워 두었다. 이렇게 행동규준과 자기관찰 내용에 따라 행동을 통제하는 것이 곧 자기반응이다. 라로스와 이스틴에 따르면, 인터넷 중독행동을 나타내는 사람들은 자기반응에 실패하여 반복적으로 인터넷을 사용한다. 이들은 자신의 인터넷 사용 행동이 과도하며 적절한 수정이 필요하다는 것은 알지만, 자신의 행동을 통제하는 것이 매우 어렵다고 보고하곤 한다.

라로스와 이스틴은 자기반응의 결함이 나타나는 이유에 대해 체계적인 설명을 제시하지 않았다. 하지만 부적절한 행동의 통제 실패와 관련해서는 임상심리학 분야에서 많은 연구가 진행되어 왔기 때문에 몇 가지 중요한 요인을 고려해 볼 수 있다.

첫째로, 충동성impulsivity이 매우 중요한 요인으로 언급되어 왔다. 충동성은 다차원적인 개념으로 새로운 자극에 대한 추구sensation seeking와 계획성 결여lack of premeditation, 인내력 부족

lack of perseverance, 조급성urgency 등이 하위 차원에 포함된다. 여러 하위 차원 중에 부적절한 행동의 통제 실패와 가장 밀접한 관련이 있는 것으로 제안되고 있는 것은 조급성이다. 조급성이란 특정한 욕구나 갈망이 일어났을 때 적절히 견디거나 지연하지 못하고 성급하게 행동하는 성향을 의미한다. 이 성향이 높을 경우 장기적인 부정적 결과가 예상되더라도 눈앞의 욕구를 충족시킬 수 있는 행동을 선택하게 된다.

둘째로, 행동통제와 관련된 성공 경험의 부족이나 과도한 실패 경험이 영향을 미칠 수 있다. 인간의 행동 선택은 상당부분 과거 경험에 의존한다. 부적절한 행동의 통제도 마찬가지다. 과거에 이러한 종류의 행동을 통제하는 데 성공한 경험이 많을수록 자기반응은 신속하고도 정교한 방식으로 일어날 수 있다. 반대로 실패경험이 많다면 자기반응이 일어나기 쉽지 않으며, 일어나더라도 서툴고 불완전한 방식으로 일어나기 때문에 또 실패할 가능성이 높다.

마지막으로, 자기조절 자원이나 의지력willpower이 부족할 경우에도 자기반응 결함이 나타날 수 있다. 다른 인지적 활동과 마찬가지로 자기반응에도 신경에너지가 필요하다. 자기조절 자원과 의지력은 특정 행동을 시작하고 지속하는 데 필요한 에너지를 포착하는 개념들이다. 이 에너지가 본래 부족하거나 일시적으로 부족해질 경우 자기반응 결함이 나타날 수 있다.

이 에너지는 다른 심리적·신체적 활동을 할 때에도 사용되기 때문에 다른 사용처가 많을수록 자기반응에 사용할 수 있는 에너지는 줄어들게 된다. 예를 들어, 최근 직장과 가정에서 스트레스를 많이 받아 자신의 감정을 다스리는 데 많은 에너지가 필요한 사람은 자신의 부적절한 행동을 통제하는 데 사용할 수 있는 에너지가 줄어들어 자기반응 결함을 나타낼 수 있다. ◆

3. 인터넷 게임 장애의 원인이론

1) 동과 포텐자의 인지행동모델

동Dong과 포텐자Potenza는 인터넷 게임 장애에 대한 인지행동모델을 제안하였다(Dong & Potenza, 2014). 이들에 따르면 인터넷 게임 장애를 유발하는 핵심적인 요인은 보상추구동기 reward seeking motivation다. 보상추구동기란 즐거움이나 성취감, 친밀감 등의 보상을 얻고자 하는 동기를 의미한다. 인터넷 게임 장애를 지닌 사람들은 대부분 인터넷 게임을 하면서 보상을 받았던 경험을 가지고 있다. 이들은 인터넷 게임을 하는 과정에서 스트레스가 줄어드는 경험을 하거나 게임을 통해 얻는 보상들로 인해 다양한 긍정적 감정을 경험한다. 이렇게 인터넷 게임을 통해 부정적 감정이 감소하고 긍정적 감정이 증가하는 경험을 반복하면, 인터넷 게임과 관련된 보상추구동기가 강해진다.

　보상추구동기는 미래에 주어질 수 있는 처벌이나 보상의 가치를 평가절하하는 경향이 클수록 더 강해질 수 있다. 이러한 의사결정 특성을 가리켜 근시안적 의사결정myopic decision making이라고 부른다. 이러한 특성을 가진 경우 장기적인 보상보다 즉각적인 보상을 더 중요하게 받아들이며, 장기적인 처벌보다 현재의 처벌을 더 크게 지각한다. 즉, 인터넷 게임을 함으로써 자신에게 주어질 수 있는 미래의 부정적 결과를 피하는 것보다 현실의 고통을 줄이는 것을 더 중요하게 여기며, 게임을 하지 않음으로써 얻을 수 있는 장기적인 보상보다 게임을 통해 얻을 수 있는 즉각적인 보상을 더 중요하게 여긴다. 따라서 근시안적 의사결정 특성을 가진 경우 인터넷 게임과 관련된 보상추구동기가 쉽게 강해질 수 있다.

　인터넷 게임과 관련된 보상추구동기가 강하더라도 행동반응을 억제하는 능력이 양호하다면 인터넷 게임 행동은 나타나지 않을 수 있다. 하지만 이 능력이 부족하거나 저하되어 있다면 보상추구동기는 곧 인터넷 게임 행동으로 이어지게 된다. 대표적인 예는 반응 억제 능력이나 주의 전환 능력 등을 포함하는 집행기능executive function이 저하되어 있는 경우다. 인터넷 게임 장애와 밀접한 관련이 있는 것으로 보고되고 있는 주의력결핍 과잉행동 장애는 집행기능에 결함이 있는 대표적인 심

리장애다. 이렇게 집행기능에 결함이 있을 경우 보상추구동기
가 쉽게 인터넷 게임 행동으로 이어지게 된다.

동과 포텐자에 따르면, 인터넷 게임 행동을 반복할 경우 보
상 경험 또한 반복되기 때문에 보상추구동기가 점점 더 강해
진다. 뿐만 아니라, 인터넷 게임 행동 자체가 집행기능을 저해
하여 보상추구동기가 행동화되는 것을 억제하는 데 더 큰 어
려움을 겪게 만든다. 결국 인터넷 게임 행동이 반복될수록 증
상은 악화되는 악순환을 경험하는 것이다.

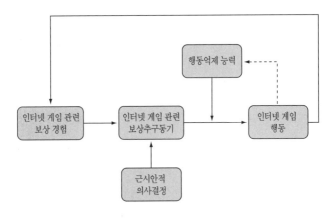

〈동과 포텐자의 인지행동모델〉

2) 킹과 델파브로의 인지모델

킹King과 델파브로Delfabbro는 인터넷 게임 장애와 관련된 인지적 특성에 대한 기존의 연구들을 검토하여 인터넷 게임 장애에 영향을 미치는 핵심적인 인지적 요인들을 제시하였다 (King & Delfabbro, 2014). 이 요인들은 크게 4가지 주제로 구분된다.

첫 번째 요인은 게임에서 주어지는 보상의 가치와 관련된 인지적 요인들이다. 기존 연구결과들에 따르면, 게임에서 주어지는 다양한 보상의 가치를 높게 평가할수록 인터넷 게임 장애의 가능성은 높아진다. 게임을 통해 획득하는 아이템이나 게임 머니 등을 마치 실재하는 보상처럼 여기거나, 그 가치를 일상생활에서 얻는 보상의 가치보다 더 높게 평가한다면 게임 행동에 지나치게 몰두하는 양상이 나타나기 쉬운 것이다. 게임 보상에 대한 가치 평가 혼란은 게임을 위해 만들어 낸 아바타에게 과도하게 애착을 갖는 현상으로 나타날 수도 있다. 아바타를 자신의 분신이나 친구, 애인처럼 여기면서 실생활에서의 대인관계보다 게임을 통한 아바타와의 상호작용을 더 선호하게 되는 것이다. 이러한 인지적 문제를 가지고 있는 경우 게임 내에서의 보상이 실생활에서의 보상보다 더 매력적으로 느껴지기 때문에 게임은 하고 있지 않은 동안에도 나음 게임에 대해 기대하거나 상상하는 식으로 게임에 몰두하게 된다.

두 번째 요인은 게임 행동의 시작 및 지속, 중단과 관련된 의사결정에 영향을 미치는 요인들이다. 과도한 게임은 다양한 부정적 결과를 수반하기 때문에 정상적인 과정을 거쳐 의사결정을 내린다면 적정한 수준에서 게임을 중단하게 된다. 하지만 특정한 인지적 오류나 부적응적 신념을 가지고 있을 경우 게임 행동과 관련된 의사결정에서 부적절한 판단을 내릴 수 있다. 예를 들어, 이미 많은 시간과 노력을 투자했기 때문에 게임을 지속해야 한다는 매몰비용편향sunk cost bias을 나타낼 경우 게임 행동을 중단하지 못하고 지속할 수 있다. 또한 게임에서의 목표 달성과 관련하여 부적응적인 신념을 가지고 있는 경우에도 과도한 게임 행동을 나타낼 수 있다. 예를 들어, '게임을 시작하면 계획한 목표를 완벽하게 달성해야 한다. 그 전까지는 게임을 계속해야 한다.'는 믿음을 가진 경우 목표 달성이 지연되는 만큼 게임 행동을 지속하게 된다. '목표를 달성하는 과정에서 조금이라도 실수를 하면 처음부터 다시 시작해야 한다.'와 같은 믿음을 가진 경우에도 반복하여 게임을 다시 시작함에 따라 게임 시간이 크게 증가할 수 있다. '다른 일상적인 활동을 하기 전에 우선 게임을 해야 한다.'는 믿음을 지니고 있을 때에도 과도한 게임 행동이 나타날 수 있다. 처음에는 짧은 시간 동안만 게임을 하려고 계획했겠지만 대부분의 경우 예상

했던 것보다 더 오랜 시간 동안 게임을 하게 되기 때문이다.

세 번째 요인은 자기존중감과 밀접한 관련이 있다. 자기존 중감을 유지하거나 증진시키기 위해 게임을 지속하도록 하는 인지적 요인들이 여기에 포함된다. 인터넷 게임은 단계적으로 계획된 다양한 과제로 구성되어 있으며, 각 과제들을 달성하면 그에 따른 보상을 즉각적으로 제공한다. 게임 내에서의 과제는 일상생활에서의 과제들과 달리 상대적으로 단순하며 일정한 규칙을 이해하고 준수하면 쉽게 완수할 수 있다. 또한 실제 삶과는 달리 투자한 시간과 노력에 상응하는 보상이 늘 주어진다. 이러한 특징들로 인해 인터넷 게임은 상당한 수준의 유능감이나 성취감, 숙달감, 통제감 등의 감정 경험을 제공하며, 그에 따라 스스로를 가치 있는 존재로 인식하게 만들기도 한다. 이러한 심리적인 변화를 경험하면 게임 행동과 자기존 중감에 대한 다양한 신념이 형성되고 게임 행동을 지속하도록 하는 요인으로 작용하게 된다. 특히 실제 삶에서 자기가치감을 경험하기 어려운 사람들의 경우 자기존중감을 유지하고 증진할 수 있는 유일한 공간이 인터넷 게임 상황이기 때문에, 상대적으로 더 과도한 게임 행동을 나타낼 수 있다. 이들은 게임을 하는 상황에서만 다양한 긍정적 감정을 경험하고 그 외의 시간에는 부정적인 감정을 경험하는 경우가 많다. 이런 경우 '게임을 하면 기분이 좋아질 것이다.'라는 믿음과 '게임을 하지 못하면 기분이 나빠질 것이다.'와 같은 믿음을 갖게 된다. 부정적 감정 경험을 피하고 긍정적 감정 경험을 얻고자 하는 것은 인간의 기본적인 욕구이기 때문에, 이러한 믿음을 가진 사람들은 점점 더 많은 시간 동안 게임을 하게 된다.

네 번째 요인은 대인관계적인 욕구를 충족시키는 수단으로서의 인터넷 게임에 대한 내용을 담고 있다. 인터넷 게임 공간은 기본적으로 누구에게나 평등한 기회가 주어지는 공간이다. 게임의 규칙을 이해하고 준수하면서 일정한 시간과 노력을 투자하면 상당한 수준의 사회적 지위를 확보할 수 있다. 확보된 사회적 지위만큼 다른 사용자들의 칭찬과 관심, 부러움을 얻을 수 있으며, 서로 돕거나 경쟁하면서 강한 소속감을 경험할 수도 있다. 이러한 속성들로 인해 사회적 욕구 충족의 도구로서 인터넷 게임의 장점을 반영한 다양한 신념이 형성될 수 있으며, 그에 따라 과도한 게임 행동이 나타날 수 있다. 기본적으로 게임이 사회적 욕구 충족의 도구로 사용되는 것은 큰 문제가 아니다. 문제가 되는 경우는 인터넷 게임이 사회적 욕구 충족의 유일한 도구가 되는 것이다. 따라서 '인터넷 게임을 하는 사람들만이 나를 잘 이해할 수 있다.'거나 '인터넷 게임을 할 때에만 사람들이 나를 인정하고 존중해 준다.' '인터넷 게임을 할 때에만 소속감을 느낄 수 있다.'와 같은 믿음을 가진 경우에만 과도한 게임 행동이 나타날 수 있다고 보는 것이 바람직하다. 이러한 믿음을 가진 사람들은 실제 삶에서 만족스러운 대인관계를 맺고 있지 못한 경우가 많다. 이들은 현실의 삶에서 얻지 못한 긍정적인 대인관계 경험을 얻기 위해 인터넷 게임을 반복한다.

3) 비어드와 위크햄의 모델

앞서 킹과 델파브로는 인터넷 게임 행동에 영향을 미치는 중요한 변인으로 자기개념과 관련된 신념들을 제안하였다. 하지만 이들은 인터넷 게임을 할 때의 자신과 게임을 하지 않을 때의 자신에 대한 신념이 게임 행동에 영향을 미칠 수 있다는 초보적인 수준의 설명만을 제시하였다. 보다 정교한 평가 및 개입을 위해서는 게임 행동과 관련된 자기개념의 특성과 변화 과정을 좀 더 자세하게 탐색할 필요가 있다. 미국 팔로앨토 대학교Palo Alto University의 심리학자인 비어드Beard와 위크햄Wickham은 이러한 문제의식을 가지고 자기가치감과 인터넷 게임 행동의 관계를 보다 정교하게 살펴볼 수 있는 모델을 제안하였다(Beard & Wickham, 2016).

이들은 동기motivation와 자기조절self-regulation, 자기가치감self-worth 관련 연구 분야의 저명한 심리학자들인 데시Deci와 라이언Ryan의 자기결정이론self-determination theory(Deci & Ryan, 2010)

을 이용하여 인터넷 게임 행동을 설명하였다. 자기결정이론은 인간의 동기를 설명하는 대표적인 이론이다. 이 이론에서는 인간의 동기를 크게 외적 동기extrinsic motivation와 내적 동기intrinsic motivation로 구분한다. 외적 동기는 외부로부터 주어지는 보상예: 돈, 칭찬, 인정에 의해 형성되는 동기를 말하며, 내적 동기는 외부로부터 주어지는 보상에 관계없이 어떤 일이나 과제를 수행하는 것 자체에서 오는 만족감이나 즐거움 등에 의해 형성되는 동기를 말한다. 자기결정이론에서는 내적 동기에 의해 개인의 행동이 결정될 때 안정적이고 통합된 자기가치감을 유지하면서 적절히 기능할 수 있다고 가정한다. 반대로 외적 동기에 의해 개인의 행동이 결정될 경우 특정한 외적 보상에 의존하는 상태가 되어 자기가치감이 불안정해질 수 있다. 또한 자기가치감을 유지하기 위해 강박적으로 외적 보상에 집착하는 특징을 보이면서 다양한 부적응을 나타낼 수 있다.

자기결정이론에서는 개인이 어떤 상태에 있을 때 스스로 결정하는 인간으로 살아갈 수 있는지를 체계적으로 연구하였다. 그 결과 연구자들은 개인이 속한 환경과의 상호작용을 통해 다음 3가지 내적 욕구를 적절히 충족시키는 것이 매우 중요하다는 것을 확인했다. 첫째로 자율성autonomy에 대한 욕구를 적절히 충족시켜야 한다. 여기서 자율성이란 자신의 안전과 성장을 위해 중요한 일들을 스스로 판단하고 결정하여 실행하는 것을 말한다. 둘째로 유능성competence에 대한 욕구가 충분히 만족되어야 한다. 중요하게 여기는 삶의 영역에서 주어지는 과제들을 능숙하게 처리할 때 개인은 적절한 유능감을 느낄 수 있다. 마지막으로 관계성relatedness에 대한 욕구를 만족시킬 필요가 있다. 관계성에 대한 욕구란 다른 사람들과 지지적인 인간관계를 형성하고자 하는 욕구를 의미한다. 이 욕구가 적절히 충족될 때 개인은 소속감을 경험할 수 있다. 자기결정이론에서는 제시된 3가지 욕구가 충족될 때 통합된 자기가치감을 유지하면서 적절히 기능할 수 있다고 제안한다.

만일 주어진 환경 속에서 3가지 욕구를 충분히 충족시키지 못하면 외부로부터 주어지는 강화물을 통해 자기가치감을 유지하려는 경향을 나타낼 수 있다. 특히 개인이 통제할 수 있는 강화물에 대한 의존성이 강해진다. 예를 들어, 강압적이고 냉담한 가정에서 자란 어떤 소년이 있다고 가정해 보자. 이 소년은 지적 능력이 부족하여 학교에서 선생님께 꾸중을 자주 듣는 편이며, 친구들 사이에서도 소극적이고 재미없는 아이로 인식되고 있다. 이 소년이 집이나 학교에서 자율성과 유능감, 소속감을 충분히 경험하지 못할 것이라는 점을 짐작하기 어렵지 않다. 이러한 상황에서 소년은 자신이 통제할 수 있는 강화물예: 인터넷 게임에서의 다양한 보상에 의존하면서 자기가치감을 유지하려 시도하게 된다. 이렇게 외적 보상을 통해 자기가치감을 유지하게 되면 해당 보상에 대한 의존성이 점점 더 강해져서 '이것이 아니면 안 된다.'는 수준에 이르게 된다. 이러한 상태가 되면 외적 보상과 관련된 특정 영역에서의 성공과 실패에 자기가치감이 크게 흔들릴 수 있으며, 외적 보상을 획득하기 위해 특정 활동에 지나치게 몰두할 가능성이 높아진다. 자기가치감 유지를 위해 특정 활동에 몰두하는 상태가 장기간 지속되면, 행동에 대한 통제력이 약해지고 다양한 인지적 왜곡을 나타낼 수도 있다.

비어드와 위크햄은 인터넷 게임 장애가 자기가치감을 유지하기 위해 인터넷 게임에 과도하게 몰두하는 상태라고 보았다. 이들에 따르면, 인터넷 게임 장애를 나타내는 사람들은 주어진 환경 속에서 자율성과 유능감, 소속감을 충분히 경험하지 못하기 때문에 인터넷 게임에서 주어지는 외적 보상들에 의존한다. 게임에서의 보상에 대한 의존성이 강해지면 취약하고 불안정한 자기가치감을 갖게 되며, 인터넷 게임 행동을 통제하는 데 어려움을 겪게 되고, 인터넷 게임과 관련된 다양한 인지적 왜곡을 보이게 된다. 비어드와 위크햄은 이렇게 인터넷 게임에서의 보상에 과도하게 의존하는 자기가치감을 게임 유관 자기가치감gaming-contingent self-worth이라고 이름 붙였으며, 이것이 인터넷 게임 장애의 주요한 원인이라고 보았다.

게임유관 자기가치감을 가진 사람들은 다음 3가지 특징을 보인다. 첫째로, 이들은 인터넷 게임을 하지 않으면 자기가치감이 크게 손상될 것이라 믿는다. 인터넷 게임에 몰두하는 사람들은 게임에서의 보상을 통해 자기가치감을 유지하는 사람들이다. 따라서 인터넷 게임을 하지 않을 경우 자기가치감을 유지할 수 있는 수단을 잃게 되므로 인터넷 게임을 그만두지 못한다. 둘째로, 이들은 인터넷 게임을 통해 알게 된 타인으로부터의 긍정적 피드백으로 자기가치감을 유지하는 경향이 있다. 인터넷 게임은 오래 전부터 길드guild 시스템을 활용하고 있다. 길드란 특정 게임 사용자들이 모여 만든 동호회라고 볼수 있다. 길드에 소속되면 길드의 대표를 중심으로 구성된 운영진과 기타 길드원들의 도움을 받을 수 있다. 함께 게임을 하는 것이 주요 목적이지만 경우에 따라서는 온라인 게시판이나 대화 프로그램 등을 이용해서 게임 관련 정보를 교환하기도한다. 이들은 다양한 방식으로 서로를 도우며, 도움에 대한 긍정적 피드백을 주고받는다. 이러한 긍정적 피드백들은 자기가치감을 유지하는 중요한 원천이 될 수 있다. 셋째로, 이들은 인터넷 게임에서의 경쟁을 통해 자기가치감을 경험한다. 인터넷 게임은 기본적으로 사용자들 간의 경쟁을 유도한다. 물론 다른 사용자와의 직접적인 상호작용 없이 진행되는 게임도 있지만, 그런 게임에서조차도 게임 성적을 부여하고 다른 사용자의 성적을 조회할 수 있도록 하여 간접적으로 경쟁을 유도한다. 오프라인에서의 경쟁과 마찬가지로 인터넷 게임에서 다른 사용자를 이기는 경험은 충분한 우월감과 성취감을 제공한다.

비어드와 위크햄의 모델은 아직 초보적인 단계에 머물러 있지만 임상적인 측면에서 중요한 시사점을 제공한다. 이들의 관점에서 보면, 인터넷 게임장애 환자들은 자신이 속한 환경에서 적절한 수준의 자율성과 유능감, 소속감을 경험하지 못하는 사람들이다. 이들이 인터넷 게임을 통한 보상에 그토록 매달리는 이유는 그것 이외에 자기가치감을 유지할 수 있는 다른 방안을 찾지 못했기 때문일 수 있다. 따라서 이들이 실제 환경 속에서 적절한 수준의 자율성과 유능감, 소속감을 경험할 수 있도록 돕는 것이 치료적으로 매우 중요한 과제가 된다. 이 과제를 달성한다면 이들은 인터넷 게임에서의 외적 보상에 의존할 필요가 없으며, 스스로 자신의 행동을 결정해 나가는 삶을 살아갈 수 있게 될 것이다. ❖

4. 인터넷 성 중독의 원인이론

1) 쿠퍼의 모델

인터넷 성 중독을 설명하는 모델들은 인터넷 공간에서 성 중독 행동이 보다 쉽게 나타나게 되는 원인을 제시하는 데 집중하고 있다. 대표적인 모델은 쿠퍼Cooper의 'Triple-A(Access, Affordability, Anonymity) Engine' 모델이다(Cooper, 1998).

쿠퍼의 모델에 따르면 인터넷은 다음 3가지 특성을 가지고 있기 때문에 성 중독 행동의 매체로 사용되곤 한다. 첫째로, 접근성access이 뛰어나다. 현대사회에서 인터넷은 언제 어디서든 쉽게 접속할 수 있는 정보공간이다. 사용자는 원하기만 하면 한밤중이나 새벽에도 인터넷을 사용할 수 있으며, 지구 반대편에 있는 사람과 화상채팅을 할 수 있다. 기존의 성 매체들은 대부분 시간과 공간의 제약을 가지고 있었다. 성인방송은 야간에만 이용할 수 있었으며, 성인용품이나 성인영상물은 제한된 장소에서만 구매하고 이용할 수 있었다. 하지만 인터넷은 이러한 접근성의 제약을 갖지 않는 매체이기 때문에 성 관련 활동을 원하는 사람들에게 매력적인 수단으로 다가올 수 있다.

둘째로, 비용이 적게 든다affordability. 본래 성인용품이나 성인영상물 등은 비교적 비싼 가격에 거래되는 상품이었다. 제작이나 유포 등의 과정에서 많은 법적 제약을 받기 때문에 비용이 증가할 수밖에 없던 것이다. 하지만 인터넷이 활성화되면서 법적 규제를 피하여 다양한 성인물이 배포되기 시작했으며, 그에 따라 적은 비용을 들여 성인물을 사용할 수 있는 환경이 조성되었다. 뿐만 아니라, 인터넷의 특성상 무단 복제 및 배포 등을 완벽하게 통제할 수 없기 때문에, 성적인 내용을 담은 대량의 사진이나 소설, 만화, 영상물이 인터넷 공간에 별다른 제재 없이 제공되고 있다. 따라서 사용자는 원하기만 한다면 비용을 전혀 들이지 않고도 다양한 성인물을 이용할 수 있다. 또한 무료 채팅 프로그램을 이용하면 시간의 제약을 받지 않고 다른 사용자와 성적인 내용의 대화를 지속할 수도 있다.

셋째로, 익명성anonymity이 보장된다. 오프라인에서 음란물을 사용하거나 성적인 목적으로 다른 사람들과 만나는 행위가 일반적으로 꺼려지는 원인 중 하나는 개인정보 노출이다. 하지만 인터넷을 사용하면 개인정보가 거의 노출되지 않기 때문에 거리낌 없이 성적 활동을 할 수 있다. 그리고 익명성이 확보되기 때문에 좀 더 과감한 방식으로 성적 활동을 시도하기도 한다. 익명의 다른 대상과 성적인 대화를 나누거나 오프라인에서 일회성 성관계를 맺기도 하는 것이다.

2) 슈왈츠와 서던의 모델

쿠퍼의 모델은 인터넷이 성 중독의 매체로 사용되는 이유를 잘 설명한다. 하지만 인터넷이 성적 활동의 도구로서 갖는 장점이 있다고 해서 모든 사람이 인터넷 성 중독에 빠지는 것은 아니다. 따라서 어떤 사람들이 어떤 이유로 인터넷 성 중독을 경험하게 되는지를 설명하는 모델이 필요하다. 성 치료기관으로 유명한 마스터스 앤 존슨 클리닉Masters & Johnson Clinic의 두 학자인 슈왈츠Schwartz와 서던Southern은 인터넷 성 중독 환자들을 치료한 경험을 토대로 인터넷 성 중독을 설명하는 간단한 모델을 제시한 바 있다(Schwartz & Southern, 2000).

이들은 우선 인터넷 성 중독 문제를 호소하며 내원한 환자들의 특성을 분석하였다. 그 결과를 간단히 요약하면 다음과 같다. 첫째, 환자들 중 70% 이상이 과거에 성적 외상trauma을 경험하였으며, 40% 정도는 외상후 스트레스 장애post-traumatic stress disorder의 증상을 나타내고 있었다. 둘째, 환자들의 70% 이상이 우울장애depression나 불안장애anxiety disorder, 양극성 장애bipolar disorder 등의 정서장애를 경험하고 있었다. 셋째, 남성 환자는 알코올 사용 장애alcohol use disorder와 같은 물질사용장애substance use disorder를 가지고 있었고, 여성 환자는 섭식장애eating disorder 증상을 나타냈다. 넷째, 대부분의 환자는 직업을 가지고 있었으며, 절반 이상은 결혼 관계를 유지하고 있었다. 이러한 특성들은 인터넷 성 중독 증상이 성 관련 외상 경험과 관련이 있으며, 인터넷 성 중독 환자들이 상당한 수준의 정서적 스트레스를 경험하고 있음을 보여 준다. 또한 인터넷 성 중독 환자들이 정서적 스트레스를 조절하는 병리적인 수단으로 알려진 문제행동예: 알코올 사용 행동, 폭식행동을 함께 가지고 있을 가능성이 높다는 것을 잘 보여 준다.

슈왈츠와 서던은 인터넷 성 중독 환자들의 특성을 분석한 뒤 이들의 인터넷 성 활동이 특정한 기능을 가지고 있을 것이라 예상하였다. 실제로 이들은 몇 가지 목적을 위해 인터넷 성 활동에 몰두하는 경향이 있었다. 슈왈츠와 서던은 인터넷 성 활동의 다양한 기능을 크게 2가지 유형으로 구분하였다.

첫 번째 유형은 표면적이고 생리적인 기능으로, 성적인 욕구를 만족시킴으로써 신체적 쾌감을 유발하고 긴장을 해소하

는 것이다. 앞서 쿠퍼의 모델에서 살펴본 것처럼 인터넷은 현
실세계에서 충족되지 못한 다양한 성적 욕구를 만족시킬 수
있도록 하는 고유한 특징을 가지고 있다. 따라서 현실세계에
서 성적 욕구를 충분히 만족시키기 어려운 사람들은 자신의
욕구를 효과적으로 만족시킬 수 있는 인터넷을 이용하여 성적
활동을 반복할 수 있다.

두 번째 유형에는 보다 내면적이고 심리적인 기능들이 포
함되어 있다. 이러한 기능들 중 슈왈츠와 서던이 특별히 주목
한 첫 번째 기능은 개인적인 성적 판타지를 만족시키는 것이
다. 슈왈츠와 서던에 따르면, 인터넷 성 활동은 개인의 고유한
성적 판타지를 충족시켜 주는 기능을 갖는다. 타인으로부터
성적인 호감과 관심을 얻고자 하는 기본적인 판타지부터 현실
세계에서는 만족되기 어려운 기이한 성적 취향을 반영한 판타
지까지 매우 다양한 성적 판타지를 충족시키는 도구로 인터넷
이 활용될 수 있다. 성적 판타지의 충족은 일반적인 생리적 성
욕구의 충족과 중요한 차이점이 있다. 즉, 성적 판타지의 충족
은 생리적인 성 욕구의 충족과 달리 성 행위의 실행 자체보다
성 행위의 방식이 더 중요하다. 좀 더 구체적으로 말하면, 성
적 판타지에서는 행위 대상의 특성 및 그 대상과 상호작용하
는 방식이 중요하다. 예를 들어, 매사에 성실하고 윤리적인 인
터넷 싱 중독 환자는 인터넷 화상내화 프로그램을 이용해 자

신보다 훨씬 어린 여성과 저속한 대화를 나누는 것을 통해 성적인 만족감을 얻을 수 있다.

인터넷은 이러한 개인적인 성적 판타지를 만족시키기에 적절한 특성을 가지고 있다. 우선, 인터넷 공간에는 다양한 성적 판타지를 가진 무수한 이용자가 대기하고 있다. 이들과 연결될 수 있는 장소와 방법만 알고 있다면 특정 판타지를 공유하는 이용자를 쉽게 찾을 수 있다. 또한 인터넷에서는 익명성이 보장되기 때문에 좀 더 과감하게 자신의 판타지를 드러낼 수 있다. 인터넷 성 중독 환자들은 정상인들과 비교했을 때 좀 더 비정상적이고 특이한 성적 판타지를 갖는 경향이 있는데, 이것은 과거의 성적 외상과 관련이 있는 것으로 제안되고 있다. 비정상적이고 고통스러운 외상이 이들의 성적 경험을 왜곡시켰을 가능성이 있는 것이다. 성적 외상이 기이한 성적 판타지를 구성하는 과정에 대해서는 아직 충분한 연구가 진행되지 않았기 때문에 체계적인 설명을 제시하기는 어렵다. 분명한 것은 인터넷 성 중독 환자들이 갖는 독특한 성적 판타지를 현실세계에서 정상적인 방식으로 충족시키는 것은 매우 어렵다는 사실이다. 이러한 한계로 인해 인터넷 성 중독 환자들은 더욱 인터넷이라는 가상의 공간에서 자신의 판타지를 충족시키려 시도하게 된다.

슈왈츠와 서던이 주목한 인터넷 성 활동의 두 번째 심리적 기능은 일시적인 해리dissociation를 유발함으로써 고통을 경감시키는 것이다. 여기서 해리란 자기 자신이나 주변 환경에 대한 연속적인 의식이 단절되는 현상을 말한다. 슈왈츠와 서던에 따르면, 인터넷 성 중독 환자들은 다양한 형태의 성적 외상을 가지고 있으며, 이러한 성적 외상은 반복적으로 의식에 침투해 들어온다. 이렇게 성적 외상이 재경험되면 불안과 분노, 수치심, 슬픔 등의 다양한 부정적 감정을 느끼게 된다. 이러한 감정들은 매우 고통스럽기 때문에 인터넷 성 중독 환자들은 부정적 감정 경험을 완화시키기 위해 인터넷 공간에서 성적인 활동에 몰두한다. 이렇게 인터넷 성 활동에 몰두하면, 현실세계에서의 연속적인 의식과는 분리된 새로운 의식상태로 들어가게 된다. 즉, 현실세계에서와는 다른 정체성을 가지고 인터넷이라는 가상적인 공간에서 익명의 사람들과 새로운 방식으로 상호작용하게 되는 것이다. 슈왈츠와 서던은 이러한 의식상태가 해리와 유사하다고 보았다.

마지막 심리적 기능은 주의전환이다. 인터넷 성 활동은 일상의 다양한 정서적 고통으로부터 주의를 전환시키는 기능을 가지고 있다. 슈왈츠와 서던에 따르면, 인터넷 성 활동은 폭식binge eating이나 자해self-injury와 유사하게 구체적인 사건 및 행위에 주의를 집중하도록 함으로써 고통스러운 생각이나 감정으로부터 주의를 돌리는 역할을 할 수 있다. 인터넷 성 활동에 주의를 집중하면 적어도 일시적으로는 고통을 경감시킬 수 있다. 이렇게 고통이 줄어드는 경험을 하게 되면 불편한 생각이나 감정이 일어날 때마다 인터넷 성 행위를 반복할 가능성이 높아진다. 앞서 살펴본 바와 같이 인터넷 성 중독 환자들은 심각한 수준의 정서적 고통을 경험하는 경향이 있기 때문에 이러한 고통을 회피하기 위해 인터넷 성 행위를 반복할 가능성이 매우 높다.

슈왈츠와 서던은 인터넷 성 활동이 갖는 이러한 기능 때문에 인터넷 성 중독 환자들이 반복적으로 인터넷을 사용한다고 보았다. 요약하면, 이들은 장기간 동안 좌절된 성적 욕구를 빠르고 저렴하며 은밀한 방식으로 해소하기 위해, 혹은 성적 외상으로 인해 형성된 비정상적인 성적 판타지를 만족시키기 위해 인터넷 성 활동을 반복한다. 또한 이들은 고통스러운 외상의 재경험으로부터 의식을 분리시키기 위해, 혹은 과도한 정서적 스트레스로부터 일시적으로 벗어나기 위해 인터넷 공간에서의 성적 활동에 집착한다. ◆

5. 인터넷 중독의 생물학적 원인

인터넷 중독과 관련된 생물학적 요인을 탐색한 연구는 대부분 상관연구에 해당한다. 이러한 연구들에서는 인터넷 중독 문제를 가지고 있는 사람들을 대상으로 뇌영상 촬영을 실시하거나 신경심리검사를 실시하여 관련이 있는 신경학적 부위를 찾아내는 방법을 사용한다. 연구결과들을 종합하면, 인터넷 중독 환자들은 크게 2가지 특징을 나타낸다.

첫째로, 인터넷 사용 관련 단서가 주어졌을 때 보상체계와 관련된 뇌 영역들이 활성화된다. 특히 긍정적인 감정을 유발하는 보상과 관련된 자극을 처리하는 영역측위 신경핵, nucleus accumbens과 기대이득의 가치를 가늠하는 영역안와 전두피질, orbito-frontal cortex이 활성화되며, 목표지향적 행동이나 동기화와 관련된 영역미상핵, caudate nucleus; 전대상피질, anterior cingulate cortex이 활성화되는 것으로 알려져 있다. 이 영역은 물질의존 환자

들이 물질사용 관련 자극을 제시받았을 때 활성화되는 영역과
거의 일치한다.

둘째로, 전전두엽과 같이 행동통제와 관련된 뇌 영역의 기
능 수준이 저하되어 있는 것으로 나타난다. 전전두엽은 주어
진 정보를 토대로 행동을 계획하고 통제하는 집행기능과 밀접
한 관련이 있는 영역이다. 집행기능의 기본적인 토대는 작업
기억working memory이다. 작업기억이란 짧은 시간 동안 정보를
유지하면서 다양한 방식으로 조작하거나 처리할 수 있도록 돕
는 제한된 용량의 완충 기억일시적인 기억 공간을 의미한다. 작업
기억의 용량이 클수록 보다 적응적인 방식으로 행동을 계획하
고 통제할 수 있다. 인터넷 중독 환자들은 인터넷 사용 관련
단서가 주어질 경우 작업기억 용량이 크게 감소하는 것으로
나타난다. 또한 주의를 전환하거나 자동적인 행동반응을 억제
하는 기능이 저하되어 있어 인터넷 사용 행동이 시작되면 주
의를 돌리거나 인터넷 사용을 억제하는 데 어려움을 겪을 가
능성이 높다. ◆

인터넷 중독을 어떻게 치료할 것인가

3

1. 인지행동치료

2. 현실치료

3. 체계적 가족치료

4. 수용전념치료

5. 스스로 인터넷 중독 극복하기

6. 가족이 도움 주기

인터넷 중독에 대한 진단체계는 아직 확립되지 않았지만 지금도 인터넷 중독 증상을 호소하는 환자들이 꾸준히 병원이나 상담기관을 찾는 것으로 보고되고 있다. 특히 한국이나 중국과 같은 아시아 국가들에서는 정부 차원에서 대책을 마련할 정도로 문제가 심각한 수준이다. 이에 임상장면에서 활동하는 전문가들은 나름대로의 학술적·임상적 경험을 토대로 다양한 치료기법을 개발하여 사용하고 있다. 그중 효과가 검증된 대표적인 치료방법은 인지행동치료와 현실치료, 체계적 가족치료, 수용전념치료다.

1. 인지행동치료

인터넷 중독에 대한 학계의 관심을 불러일으킨 대표적인 학자 영Young은 인터넷 중독을 치료하기 위한 인지행동치료 프로그램을 개발한 바 있다. 영의 프로그램에서는 인터넷 중독을 유발하고 유지시키는 인지적 요인을 파악하여 변화시키는 작업과 인터넷 사용 행동을 줄이기 위한 작업을 실시한다.

인지적인 측면에서는 인터넷 중독을 유발하는 인지적인 왜곡과 부정적 신념을 파악하여 수정하는 것을 목표로 삼는다. 영에 따르면, 인터넷 중독 환자들은 파국적인 사고나 이분법적 사고 등의 다양한 인지적 왜곡을 나타내는 경향이 있다. 또한 자기 자신과 세상에 대한 부정적 신념을 가지고 있어 일상생활에서 쉽게 부정적 감정을 경험하며, 이를 회피하기 위해 인터넷을 사용하곤 한다. 따라서 인지행동치료에서는 이러한 인지적 요인들을 구체적으로 밝혀내고 그 타당성을 확인하여 적절히 수정하는 작업을 진행하게 된다.

부적응적인 인지가 과도한 인터넷 사용 행동에 중요한 영향을 미친다는 사실은 여러 연구를 통해 검증되었으며, 이러한 인지를 성공적으로 수정했을 때 인터넷 사용 행동이 줄어든다는 사실 또한 확인되었다. 하지만 부적응적인 인지를 밝혀내고 수정하는 작업은 생각만큼 쉬운 일이 아니다. 영은 이 작업을 크게 2단계로 구분하여 진행한다.

첫 번째 단계는 부적응적인 인지를 파악하는 것이다. 이 단계에서는 인터넷 사용 행동이 나타나는 과정을 면밀하게 탐색하는 것이 중요하다. 인지이론에서는 부적응적 행동이 나타나는 과정을 크게 4단계로 구분하여 설명한다. 우선 특정한 사건이 일어나고, 그 사건에 대해 인지적인 해석을 한다. 그리고 그 결과에 따라 특정한 감정을 경험하며, 그 감정에 대한 반응으로 특정 행동이 나타난다. 영의 인지행동치료에서도 이 과정에 따라 인터넷 사용 행동에 영향을 미치는 부적응적 인지를 탐색한다. 예를 들어, 어떤 학생은 방과후에 집에 돌아오면서 무리를 지어 즐겁게 놀고 있는 반 친구들을 보며 '저 아이들은 나보다 훨씬 행복한 거 같다. 나는 또 혼자구나. 나는 영원히 이렇게 혼자 있게 되는 걸까?' 하는 생각을 떠올릴 수 있다. 그에 따라 외로움이나 불안 같은 부정적 감정이 유발되고, 유발된 부정적 감정들을 완화하기 위해 인터넷을 사용하게 된다. 이러한 탐색 과정을 반복하면 핵심적인 부적응적 인지를 파악할 수 있게 된다.

영은 인터넷 중독 문제를 가진 내담자들이 빈번하게 보고하는 부적응적 인지로 현실세계의 자기 자신과 타인에 대한 부정적 신념, 온라인상에서의 자기 자신과 타인에 대한 긍정적 신념을 제안하였다. 부적응적인 신념 이외에도 해석과정에서 다양한 인지적 오류cognitive error가 나타날 수 있다. 여기서 인지적 오류란 사건에 의미를 부여하는 과정에서 나타나는 왜곡을 의미한다. 일부 사건을 과도하게 일반화하여 해석하는 것이나 특정 정보에만 주의를 기울여 전체를 해석하는 것, 실제보다 과도하게 부정적으로 평가하는 것, 자신과 관련이 없음에도 불구하고 관련이 있다고 해석하는 것 등이 모두 인지적 오류에 해당한다. 영은 내담자가 지닌 부적응적 신념과 인지적 오류를 파악하는 것을 부적응적 인지 수정작업의 첫 단계로 보았다. 이 과정을 반복하다 보면 내담자는 자연스럽게 자신의 생각과 감정, 인터넷 사용 행동의 관계를 자각하게 된다. 그리고 이러한 자각만으로도 상당한 수준의 통제력을 얻을 수 있다.

두 번째 단계는 부적응적 인지에 도전하여 수정하는 것이다. 얼핏 보면 이 작업은 매우 쉽게 진행될 것이라 여길 수 있다. 기본적인 논리적 · 합리적 사고능력을 갖춘 사람이라면 부적응적 인지에 담긴 오류와 편향, 부정적 결과에 대해서는 쉽게 인식할 수 있기 때문이다. 하지만 실제로 치료를 진행해 보면 이 작업이 매우 어려운 작업임을 알 수 있다. 내담자가 지닌 특정 신념과 사고 경향은 오랜 시간 동안의 경험을 나름대로 분석하여 형성된 것이기 때문이다. 즉, 이들이 지닌 부적응적 인지는 어떤 측면에서는 이들의 삶이 무너지지 않도록 도와준 중요한 버팀목일 수 있다. 현재는 그렇지 않다 할지라도 적어도 과거에는 그랬을 가능성이 높다. 따라서 이들의 부적응적 인지에 도전하는 것은 이들의 삶 자체에 도전하는 것과 비슷한 일이다. 영은 이러한 사실을 감안하여, 다양한 방법을 이용해 점진적으로 부적응적 인지에 도전하도록 권하고 있다.

부적응적 인지를 수정하고자 할 때 사용되는 대표적인 방법으로는 논리성의 측면에서 부적응적 인지의 타당성을 살펴보는 것을 들 수 있다. 과도한 인터넷 사용에 영향을 미치는 다양한 인지가 논리적으로 구성되어 있는지를 평가해 보는 것이다. 많이 사용되는 또 다른 방법은 부적응적 인지들이 현실을 잘 반영하고 있는지를 평가하는 것이다. 내담자들이 지니고 있는 부적응적 인지는 선택적인 정보수집이나 왜곡 등으로 인해 현실과는 동떨어진 양상을 보이는 경향이 있다. 따라서 현실의 삶에서 부적응적 인지를 지지하는 증거들과 반대 증거들을 체계적으로 살펴보면서 현실성—비현실성에 대한 평가를 실시할 수 있다. 마지막으로, 실용성의 측면에서 부적응적인 인지를 평가해 볼 수 있다. 인간의 모든 인지적 패턴은 적어도 어느 한 시점에서는 개인의 적응에 도움이 되기 때문에 형성되는 경향이 있다. 하지만 개인을 둘러싼 환경이나 상황은 시간이 흐름에 따라 변하기 마련이고, 그에 따라 특정 인지적 패턴의 실용성도 변할 수 있다. 따라서 내담자가 지닌 고유한 부적응적 인지들이 현실의 삶에 어떤 유익을 가져오는지, 그리고 어떤 불이익을 가져오는지를 체계적으로 평가함으로써 인지의 실용성을 평가해 볼 수 있다. 영은 제시된 방법들에 더해 그동안 인지행동치료 영역에서 사용한 다양한 방법을 활용하여 점진적으로 부적응적 인지를 수정하도록 권하고 있다.

부적응적 인지의 수정과 더불어 중요한 요소는 인터넷 사용행동을 실제적으로 줄여 나가는 것이다. 인터넷은 현대인의 삶에 깊숙이 자리 잡고 있기 때문에 완벽하게 인터넷 사용 행동을 금지하는 것은 불가능하다. 즉, 기존의 물질중독 치료에서 사용되는 절제모델abstinence model은 적용하기 힘든 것이다. 따라서 인터넷 사용 행동을 줄여나가는 방식으로 치료를 진행할 수밖에 없다. 이때 중요한 것은 가능한 정확하게 인터넷 사용 행동의 양상을 파악하고 단계적으로 인터넷 사용을 줄여 나가는 것이다. 가장 많이 사용되는 방법은 인터넷 사용 행동에 대해 매일 기록을 실시하는 것이다. 환자는 프로그램이 시작되는 단계에서부터 꾸준히 인터넷 사용 기록을 하면서 단계적으로 목표를 수정해 나간다. 환자가 청소년일 경우에는 부모님과 인터넷 사용 계획을 함께 의논하여 수립한다.

영의 치료 프로그램에서 중요한 또 한 가지 행동적 개입은 인터넷 사용과 관련이 없는 다른 외부 활동을 계획하고 수행하는 것이다. 이때 중요한 사항은 환자의 삶의 질을 높일 수 있는 활동을 선정하여 단계적으로 활동 시간을 늘려 가는 것이다. 가능하다면 환자가 인터넷 사용을 통해 충족시키고자 했던 욕구를 만족시킬 수 있는 활동을 스스로 발굴하여 수행하도록 하는 것이 좋다. 이러한 방식으로 인터넷 사용 행동을 줄이고 외부 활동을 늘려 가면, 환자의 고통이나 부담을 증가시키지 않으면서 효과적으로 인터넷 사용 문제를 해결해 나갈 수 있게 된다.

마지막으로 영의 치료 프로그램에서 고려하는 중요한 요소는 인터넷 중독 이면에 자리하고 있는 또 다른 정신병리적 특성을 치료하는 것이다. 영은 오랜 임상경험을 통해 인터넷 중독 문제를 지닌 내담자들이 우울장애나 불안장애, 주의력결핍 과잉행동 장애attention deficit/hyperactivity disorder, 강박장애obsessive-compulsive disorder 등의 다른 심리장애를 함께 가지고 있는 경우가 많으며, 이러한 심리장애가 인터넷 중독을 촉발하거나 악화시키는 경향이 있다는 것을 파악했다. 또한 인터넷 중독의 기저에 깔려 있는 이러한 심리장애들을 적절히 치료하지 않으면 인터넷 중독이 쉽게 재발될 수 있다는 사실 또한 확인하였다. 이러한 경험을 토대로 영의 치료 프로그램에서는 인터넷 중독자들이 다른 심리장애를 함께 지니고 있지는 않은지를 체계적으로 평가하여 적절히 치료하도록 한다. 이때 사용하는 치료기법들은 기존에 각 심리장애를 치료하기 위해 개발된 인지행동치료 기법들이다. 심리장애 수준은 아니더라도 다양한 문제행동을 초래할 수 있는 역기능적인 심리적 특성이 인터넷 중독을 초래하고 유지시킬 수 있다. 그러나 이러한 심리적 특성 또한 기존에 잘 개발되어 있는 치료기법들을 활용하여 개선시킬 수 있다. 예를 들어, 대인관계 기술의 결함은 인터넷 중독을 유발하는 중요한 심리적 특성 중 하나로 고려되고 있다. 이 경우 대인관계 기술을 증진시키기 위한 자기주장 훈련과 코칭, 사회기술 훈련 등을 실시할 수 있다. 이러한 기법들은 대인관계 문제로 인해 인터넷 사용에 몰두하게 된 환자들에게 특히 유익한 것으로 보고되고 있다. ◆

2. 현실치료

현실치료는 선택이론에 기반한 치료이론으로 물질중독이나 인터넷 중독, 기타 행위중독 치료에 효과적인 것으로 확인되어 왔다. 선택이론의 골자는 개인의 모든 행동은 5가지 기본적인 욕구생존, 사랑, 권력, 자유, 재미를 충족시키기 위해서 자신이 선택한다는 것이다. 현실치료 이론에 따르면, 각 개인은 기본적인 욕구가 충족된 이상적인 상태인 '좋은 세계quality world'를 내면에 발달시킨다. 그리고 가능한 한 현실을 '좋은 세계'와 일치시키기 위해 다양한 행동을 선택한다. 이렇게 선택한 행동들이 적절히 욕구를 만족시킬 경우 건강한 삶을 살아갈 수 있지만, 욕구를 충족시키지 못할 경우 다양한 증상이나 문제행동이 나타난다. 따라서 치료의 핵심은 개인의 고유한 욕구를 충족시키기 위해 선택해 온 행동들이 얼마나 효과적이었는지를 평가한 뒤, 필요할 경우 좀 더 효과적인 행동을 선택하여 실행하도록 하는 것이다.

현실치료에서는 앞서 제시한 목적을 달성하기 위해 WDEP 라는 4단계 치료모델을 활용하고 있다. 첫 번째 단계인 W Wants 의 주요 목표는 소망을 명료화하는 것이다. 이 단계에서는 다양한 방법을 활용하여 내담자가 바라는 것이 무엇인지를 규명한다. 현실치료를 개발한 글래서 Glasser는 생존과 사랑, 권력, 자유, 재미라는 5가지 욕구가 인간의 기본적인 욕구라고 제안했다. 생존의 욕구는 의식주를 비롯하여 개인의 생존과 안전을 위한 신체적인 욕구를 의미하며, 사랑의 욕구는 다른 사람들과 애정을 주고받으면서 집단에 소속되고자 하는 욕구를 뜻한다. 권력의 욕구는 성취를 통해 유능감과 자기가치감을 느끼며 힘과 권력을 추구하는 욕구를 의미하고, 자유의 욕구는 자율적인 존재로서 자유롭게 행동하고자 하는 욕구를 뜻한다. 마지막으로, 재미의 욕구는 즐겁고 재미있는 것을 추구하며 새로운 것을 배우려는 욕구를 의미한다. 각 개인은 5가지 욕구를 서로 다른 정도로 추구한다. 따라서 첫 단계에서는 내담자가 5가지 욕구 중 어떤 욕구를 특별히 중요하게 생각하며, '좋은 세계'와 현재의 삶이 얼마나 일치하는지를 명확하게 파악할 필요가 있다.

두 번째 단계인 D Doing and direction의 목표는 소망을 달성하기 위해 어떤 행동을 선택하고 있는지를 파악하는 것이다. 이 단계에서는 내담자로 하여금 자신이 현재 무슨 행동을 하며 어떻게 시간을 보내고 있는지를 명확하게 인식하도록 도와야 한다. 인터넷 중독 환자의 경우 인터넷 사용 행동이 두드러지게 나타날 것이다. 치료자는 환자들에게 이들의 인터넷 사용 행동이 기본적인 욕구를 충족시키기 위해 선택된 행동이라는 점을 인식할 수 있도록 도와야 한다.

세 번째 단계인 E$_{Evaluation}$에서는 두 번째 단계에서 확인된 행동이 내담자의 소망을 잘 달성하고 있는지 평가한다. 이 단계에서의 초점은 내담자의 인터넷 사용 행동이 기본적인 욕구를 효과적으로 충족시키고 있는지를 면밀하게 평가하는 것이다. 이 과정의 주요 목적은 내담자 스스로 변화의 필요성을 느끼는 것이다. 치료자와 함께 인터넷 사용 행동의 효과를 구체적으로 평가하다 보면 내담자는 본인의 인터넷 사용 행동이 기본적인 욕구의 충족에 큰 도움이 되지 않거나 오히려 방해가 된다는 사실을 확인하게 된다. 그에 따라 내담자는 좀 더 행복한 삶을 위해 자신의 인터넷 사용 행동을 변화시켜야 한다는 인식과 동기를 갖게 된다.

마지막 네 번째 단계인 P$_{Planning\ and\ commitment}$의 목표는 좀 더 효과적으로 기본적인 욕구를 충족시킬 수 있는 행동을 선택하여 실천할 수 있도록 계획을 세우는 것이다. 주목할 만한 점은 문제행동을 제거하는 것이 아닌 내안행동을 촉진하는 데 목적을 둔다는 점이다. 많은 중독행동에 대한 치료가 실패하는 중요한 이유 중 하나는 중독행동의 제거에 초점을 둔다는 점이다. 이렇게 중독행동의 제거에만 집중하다 보면 중독행동을 통해 일시적으로나마 충족시켰던 욕구가 적절히 충족되지 못한 채 남아 내담자를 괴롭히게 된다. 현실치료에서는 기본적인 욕구를 충족시키는 좀 더 적절한 대안행동을 강화함으로써 자연스럽게 인터넷 사용 행동이 감소되도록 한다. 구체적인 행동계획을 세울 때에는 다음 사항들을 고려할 필요가 있다.

- 단순해야 한다.
- 현실적으로 달성 가능한 것이어야 한다.
- 달성 정도를 측정할 수 있어야 한다.
- 지금 실행할 수 있는 것이어야 한다.
- 내담자가 관심을 가지고 있는 행동이어야 한다.
- 내담자 스스로 통제할 수 있는 것이어야 한다.
- 일관성이 있어야 한다.
- 실천사항은 서약서 형태로 남겨 둔다. ◈

3. 체계적 가족치료

인터넷 중독의 하위 유형 중 인터넷 게임 장애는 특히 청소년층에서 흔하게 발견된다. 이들은 종종 가족관계에서 충족시킬 수 없는 욕구를 인터넷 게임을 통해 충족시키곤 한다. 이러한 현상에 주목하여 가족관계를 개선시킴으로써 청소년들의 인터넷 사용 행동을 감소시키는 치료방법들이 개발되어 사용되고 있다. 체계적 가족치료는 이러한 치료방법들 중 한 가지로 청소년들의 인터넷 게임 장애를 치료하는 방법으로 활용되고 있다.

체계적 가족치료는 내담자의 인터넷 사용 문제에 대한 개인적 분석과 가족체계에 초점을 둔 분석을 동시에 진행하면서, 내담자가 가족관계 안에서 효과적으로 욕구를 충족시킬 수 있도록 내담자의 행동과 가족구조를 변화시킨다. 치료 과정은 크게 시작 단계와 동기강화 단계, 탐색 단계, 인징 딘계로 구분해 볼 수 있다.

1) 시작 단계

시작 단계에서는 인터넷 사용 문제를 나타내는 내담자를 포함한 가족 구성원들과 협조적 관계를 형성하는 데 초점을 둔다. 이 단계에서는 모든 가족이 참여하며 각 구성원이 다루었으면 하는 문제에 대해 논의한다. 치료자는 내담자의 요구가 구체적으로 드러나도록 각별히 주의한다. 특히 내담자의 대변인 혹은 협력자의 역할을 하면서 내담자가 다른 가족 구성원들에 대해 불만을 표현할 수 있도록 도와야 한다. 또한 내담자의 장점을 언급하고 치료를 받기로 선택한 것을 칭찬함으로써 가족 구성원들의 부정적 시각을 완화하고 내담자의 치료자에 대한 신뢰를 강화한다.

다음으로는 내담자의 인터넷 사용 행동에 대한 평가와 가족체계에 대한 진단을 실시한다. 내담자의 인터넷 사용 행동을 평가할 때에는 가능하면 구체적으로 관찰하고 기록하여 언제 어떤 이유로 인터넷을 사용하게 되는지를 파악해야 한다. 특히 부정적 감정을 조절하기 위해 인터넷을 사용하게 되는 것은 아닌지를 평가한다. 가족체계와 관련해서는 위계질서가 확립된 정도와 갈등의 유형, 갈등에 대처하는 방식 등을 조사한다.

2) 동기강화 단계

동기강화 단계에서는 내담자에게 행동 변화의 필요성을 인식하게 함으로써 치료동기를 강화한다. 우선, 내담자가 자신의 인터넷 사용 행동에 문제가 있다는 것을 인식하고 인정할 수 있도록 돕는 것이 중요하다. 이때 사용할 수 있는 방법은 내담자의 인터넷 사용 행동이 내담자의 삶에 구체적으로 어떤 영향을 미쳤는지 함께 확인해 보는 것이다. 아울러 가족 구성원이 각자의 관점에서 내담자의 인터넷 사용 행동에 내포된 위험성을 나름대로 표현해 보도록 할 수도 있다.

내담자의 인터넷 사용 행동의 문제가 드러나고 내담자 또한 문제성을 인식하게 되면, 내담자가 어떤 이유 때문에 인터넷을 사용하게 되었는지를 보다 구체적으로 파악해야 한다. 특히 가족 내의 원인을 탐색해야 하는데 흔히 확인되는 원인으로는 대화 부족, 상호 간 존중 부족, 가족의 칭찬과 인정 부족 등을 들 수 있다. 이 과정에서 내담자가 가족 구성원 일부를 적극적으로 비판한다면 갈등에 맞서고 싶은 욕구가 생긴 것으로 해석하고 지지해 줄 필요가 있다.

다음으로 인터넷 사용 행동과 비슷한 만족감을 주는 활동을 탐색한다. 일반적으로 운동이나 취미활동과 같이 성취감과 즐거움을 경험할 수 있는 활동이 고려될 수 있다. 치료자는 내담자가 원하는 여가활동을 계획하고 실행하도록 도우면서 다른 가족 구성원들 또한 내담자의 새로운 여가활동을 적극적으로 지지하도록 권유한다.

3) 탐색 단계

탐색 단계에서 가장 중요한 활동은 가족 내의 문제유발 원인을 구체적으로 밝혀내는 것이다. 주로 어떤 유형의 갈등이 반복되며 관련된 구성원은 누구이고 각각 어떤 방식으로 대처하는지를 확인한다. 예를 들어, 내담자와 아버지의 갈등은 인터넷 중독의 중요한 원인이 될 수 있다. 평소 아버지와 내담자 사이에 대화가 적고 성적이나 생활습관 등의 문제로 일방적이고 과격한 훈육이 반복될 경우 청소년들은 종종 인터넷 공간으로 도피하고자 한다. 이들은 인터넷 게임 등의 행동을 통해 좌절된 욕구를 충족시키고 일시적으로나마 분노감을 해소한다.

이러한 가족 내 갈등 원인이 밝혀질 경우 치료자는 내담자가 그동안 표현하지 못한 감정을 표현할 수 있도록 도와야 한다. 가족 구성원과의 갈등 상황에서 어떤 부정적 감정을 경험했으며 그 감정에 대처하기 위해 어떤 행동을 선택하게 되었는지를 있는 그대로 표현하도록 격려한다. 이때 다른 가족 구성원들은 내담자가 자유롭게 과거 경험을 탐색하고 감정을 표현할 수 있도록 지지적인 태도를 보일 필요가 있다.

내담자의 인터넷 사용 행동을 유발했던 가족 내 갈등원인을 탐색하는 동시에 인터넷 사용에 대한 규칙을 좀 더 다듬는 작업도 진행한다. 이 과정에서 내담자의 자율성을 보장해 주는 것이 중요하며 필요할 경우 부모님과 직접 타협해 보는 기회를 갖도록 돕는다. 치료자는 내담자가 스스로 수립한 계획을 성실하게 실행할 수 있도록 격려하면서 계획 이행 정도를 지속적으로 점검한다.

4) 안정 단계

마지막 단계인 안정 단계는 몇 가지 지표를 통해 확인할 수 있다. 이 단계에 이르면 내담자가 스스로 인터넷 사용 시간을 조절할 수 있게 되고 인터넷 사용 행동 이외에 다른 여가활동을 꾸준히 실천할 수 있게 된다. 혹은 전반적인 학업 성적이 향상되거나 가족 내 갈등을 건설적으로 해결할 수 있게 된다. 이러한 긍정적인 변화가 확인되면 안정 단계에 접어들었다고 판단할 수 있다. 이 단계에 이르면 치료 간격을 길게 잡으면서 내담자의 행동 변화가 튼튼하게 자리를 잡고 있는지 점검한다. 행동 변화가 안정화되었다고 판단될 경우 회기를 종결할 수 있다.

이 단계에 이르러도 내담자와 부모의 견해는 서로 다를 수 있다는 점을 기억할 필요가 있다. 예를 들어, 내담자는 목표를 달성했다고 여기지만 부모는 아직 더 개선해야 한다고 볼 수 있다. 이때 치료자는 그동안의 노력으로 이루어 낸 변화들을 구체적으로 인식하도록 돕고, 그러한 성취가 얼마나 소중한 것인지를 알리는 작업을 실시한다. 이 과정을 통해 부모와 내담자의 의견이 어느 정도 일치되도록 한 뒤 종결을 고려한다. ❖

4. 수용전념치료

수용전념치료는 고전적인 인지행동치료에 기반을 두고 있으나 치료원리와 기법의 측면에서 한 단계 더 진보한 차세대 치료이론이라고 볼 수 있다. 최근 학계에서는 수용전념치료의 원리와 효과에 대한 이론적 · 경험적 연구들이 활발하게 진행되고 있으며, 임상장면에서도 다양한 심리장애에 대한 치료기법으로 수용전념치료를 활용하는 경우가 늘고 있다. 특히 불안장애와 중독 계열의 심리장애를 이해하고 치료하는 데 매우 효과적인 것으로 확인되어 왔으며, 실제로 다양한 치료 프로그램들이 개발되어 사용되고 있는 상황이다. 인터넷 중독 관련 프로그램으로는 유타 주립대학교Utah State University의 심리학자들인 투오히그Twohig와 크로스비Crosby가 개발한 치료프로그램을 들 수 있다(Twohig & Crosby, 2010). 이 프로그램은 과도한 인터넷 음란 동영상 시청 문제를 가지고 있는 사람들을 치료하기 위한 수용전념치료 프로그램이며, 실제 환자들을 대상으로 그 효과가 검증된 바 있다. 투오히그와 크로스비는 일반적인 수용전념치료의 치료과정과 기법들을 과도한 인터넷 음란 동영상 시청 문제를 가진 사람들에게 그대로 적용할 수 있을 것이라 가정하고 치료 프로그램을 구성하였다. 우선 수용전념치료의 기본 개념과 원리를 간단히 확인하고 구체적인 프로그램 구성을 살펴보기로 하겠다.

수용전념치료에서는 심리장애의 핵심적인 원인을 경험회피experiential avoidance로 본다. 경험회피란 원치 않는 다양한 내적 경험과 그러한 경험을 촉발하는 상황에 대한 접촉빈도를 줄이기 위한 다양한 시도들을 의미한다. 이러한 시도들은 역설적으로 회피하고자 했던 경험을 더욱 빈번하게 만들어 다양한 심리적 문제들을 강화하거나 지속시키는 것으로 확인되어 왔다. 예를 들어, 인터넷 음란 동영상을 반복적으로 시청하여 대인관계 갈등 등의 문제를 겪는 사람은 자신의 문제를 인식하고 동영상 시청 행동을 줄이려고 시도할 것이다. 문제는 외적인 행동 자체를 조절하는 것을 넘어서 동영상을 보고 싶은 충동이나 욕구까지도 통제하려고 시도할 때 나타난다. 이렇게 내면의 욕구나 충동 등을 억제하려고 시도하면 역설적으로 해당 욕구 및 충동이 더 강해지게 된다.

내면의 경험을 통제하려는 시도가 나타나는 이유는 인간이 사용하는 언어 때문이다. 인간의 언어는 정보의 전달뿐만 아니라 학습 및 예측, 추상적 사고 등을 가능하게 해 주는 매우 유용한 기술이다. 하지만 언어가 가진 고유한 장점이 오히려 인간을 궁지에 몰아넣기도 한다. 특히 언어가 조건형성을 통해 실제reality와 동일한 기능을 갖게 되면 다양한 심리적 문제가 일어날 수 있다. 예를 들어, '뱀' 이라는 단어와 실재하는 뱀은 본래 아무런 관련이 없지만, 실재하는 뱀과 '뱀' 이라는 단어를 반복적으로 연결 지으면 '뱀' 이라는 단어만으로도 실재하는 뱀에 대한 정서적 · 신체생리적 반응을 유발할 수 있다. 이렇게 인지 · 언어와 실제가 융합되는 현상을 인지적 융합 cognitive fusion이라고 부른다. 이렇게 인지적 융합이 일어나면 언어는 실제와 거의 유사한 힘을 갖게 된다. 인터넷 음란 동영상 시청 문제를 가진 사람이 동영상을 시청하고 싶다는 욕구와 충동을 통제하려고 시도하는 것은 그러한 욕구와 충동이 실제 행동과 융합되었기 때문이다. 즉, 욕구와 충동은 곧 행동 그 자체로 인식되거나, 적어도 그러한 행동이 나타날 가능성을 높인다고 인식되는 것이다.

따라서 수용전념치료에서는 특정 심리장애나 심리적 문제를 치료할 때 경험회피를 줄이는 것을 가장 중요한 목표로 삼으며, 그 목표를 달성하기 위해 인지적 융합을 감소시켜야 한다고 가정한다. 인지적 융합을 감소시키기 위해 중점적으로

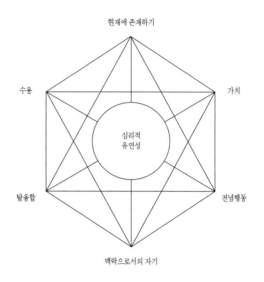

〈수용전념치료의 핵심 치료요소〉

다루어야 하는 치료적 초점으로는 다음 6가지가 제안되고 있다. 첫 번째 요소는 수용acceptance이다. 수용이란, 내적 경험을 회피하거나 통제하지 않고 있는 그대로 체험하는 것을 말한다. 두 번째 요소는 탈융합defusion이다. 탈융합이란 언어와 실제의 융합을 탈피하는 것을 의미한다. 예를 들어, 성적이고 신성모독적인 내용의 생각을 가진 사람이 마치 실제로 성적이고 신성모독적인 행동을 실행한 것과 동일하다고 여기는 것이 융합상태라면, 생각은 생각일 뿐 실제 행동과는 다르다는 것을 명확하게 분별하여 그 실제적 영향력을 감소시키는 것을 탈융합이라고 말할 수 있다. 세 번째 요소는 맥락으로서의 자기self as context다. 맥락으로서의 자기란 내적 경험 자체를 자기 자신으로 여기는 것이 아니라 그러한 경험이 일어나는 맥락 혹은 장소를 자기 자신으로 여기는 것을 말한다. 네 번째 요소는 현재에 존재하기being present다. 현재에 존재하기는 실시간으로 일어나는 다양한 경험들을 비판단적으로 알아차리는 것을 의미한다. 다섯 번째 요소는 가치values다. 가치란 한 개인이 중요하게 여기는 삶의 영역들을 말한다. 여섯 번째 요소는 전념행동committed action이다. 전념행동은 개인이 가치 있게 여기는 영역의 활동에 전념하는 것을 의미한다. 수용전념치료에서는 심리적 문제에 매몰되지 않고 가치 있는 활동에 전념하면 자연스럽게 탈융합이 촉진되며, 더불어 개인이 원하는 삶을 살아갈 수 있게 된다고 가정한다. 제시된 6가지 목표를 성공적으로 달성했을 때 심리적 유연성psychological flexibility을 확보할 수 있게 되는데, 여기서 심리적 유연성이란 현재의 경험을 충분히 자각하면서 자신의 가치를 실현하는 방식으로 행동을 바꾸거나 지속시키는 능력을 의미한다.

수용전념치료에서는 비유 등을 포함한 다양한 치료기법을 활용하여 위에 제시된 6가지 치료목표를 달성해 나간다. 인터넷 음란 동영상 시청 문제를 가진 사람들에도 동일한 방법이 적용된다. 투오히그와 크로스비의 프로그램은 총 8회기로 구성되어 있으며, 각 회기는 1시간 30분 정도의 시간 동안 진행된다.

우선 1회기에는 전반적인 치료과정에 대한 사전동의를 진행하고 비밀보장의 한계에 대해 안내한다. 특히 치료활동 자체가 정서적인 불편감을 유발할 수 있음을 알리고, 8회기를 모두 열심히 참석할 것에 대한 동의를 얻는다. 또한 자살, 타살, 아동 및 장애인 추행/폭행 등의 위험이 있을 경우 비밀보장 규정이 적용되지 않음을 알리고, 아동 음란동영상 시청은 기관에 보고될 수 있음을 공지한다. 여기에 더해 간단히 치료의 목표를 설정하는데, 음란 동영상을 보지 않거나 줄이는 것에 더해 전반적인 삶의 질을 높이는 것을 목표로 잡는 것이 중요하다. 마지막으로 수용전념치료의 핵심요소 중 하나인 수용을 위한 작업을 실시한다. 이 작업은 총 2단계로 진행된다. 첫 단계는 '보는 것viewing'과 '보고자 하는 충동urge to view'을 구분하는 것이다. 보통 내담자들은 이 둘을 거의 같은 것으로 인식하고 있을 가능성이 높다. 음란 동영상을 보고자 하는 충동을 수용할 수 있으려면 일단 보는 것과 보고자 하는 충동을 분리하여 심리적인 강도를 약화시킬 필요가 있다. 두 번째 단계는 충동을 통제하려는 시도가 별다른 성과를 가져오지 못하며, 오히려 충동을 강화할 수 있음을 인식하도록 돕는 것이다. 이를 위해 충동을 통제하려는 시도가 단기적 · 장기적으로 보이는 효과를 함께 탐색하고, 특히 부정적인 영향을 명확하게 확인해야 한다. 충동 통제 시도의 역설적인 효과는 'Man in the Hole' 비유를 이용해 좀 더 분명하게 인식하도록 도울 수 있다. 다음에 예시가 제시되어 있다.

> "누군가 당신의 눈을 가리고 작은 도구 가방을 주면서 '당신의 일은 이 앞의 공터를 열심히 뛰어다니는 겁니다.' 라고 말했다고 가정합시다. 당신은 시킨 대로 열심히 공터를 뛰어다니겠지요. 그런데 사실 그 공터에는 여러 개의 큰 구덩이가 파여 있었습니다. 당연히 당신은 얼마 지나지 않아 한 구덩이에 빠지고 말았죠. 얼른 눈가리개를 벗고 상황을 보니 당신 스스로의 힘으로는 빠져나올 수 없을 만큼 구덩이가 크고 깊다는 것을 알아차립니다. 그때 당신은 자연스럽게 도구 가방을 뒤지면서 무언가 도움이 될 만한 것을 찾습니다. 그런데 그 가방에 있는 것이라고는 삽뿐이었습니다. 자, 이제 당신은 유일한 그 도구를 열심히 사용합니다. 어떤 일이 일어날까요? 그렇습니다. 당신이 그 유일한 도구를 사용하면 할수록 구덩이는 더 커지고 깊어지는 겁니다."

2회기에는 통제 대신 수용을 택하도록 하기 위한 좀 더 다

양하고 적극적인 시도를 한다. 우선 지난 회기를 간단히 정리
하면서 충동을 통제하려는 시도가 쓸모없음을 강조한다. 다음
으로 몇 개의 비유를 통해 충동을 통제하는 시도 자체가 '문
제'임을 파악할 수 있도록 돕는다. 다양한 비유가 사용될 수
있지만 여기에서는 대표적인 두 가지 비유를 소개하도록 하겠
다. 먼저 'Polygraph' 비유를 제시한다.

> "세상에서 가장 민감하고 정확한 거짓말 탐지기가 있다
> 고 생각해 봅시다. 당신은 지금 그 거짓말 탐지기에 연결되
> 어 있고 다른 한 사람은 당신에게 총을 겨누고 말합니다.
> '편안하고 이완된 상태를 유지하세요. 안 그러면 총을 쏘겠
> 습니다.' 당연히 당신은 긴장하지 않고 이완되려고 노력합
> 니다. 결과는 어땠을까요?"

대부분의 사람은 위와 같은 상황에서 더 긴장하게 된다. 긴
장하지 않으려는 노력이 오히려 긴장 수준을 높이는 것이다.
치료 장면에서 쉽게 사용할 수 있는 또 다른 비유는
'Chocolate Cake' 비유다. 지시문은 다음과 같다.

> "과제는 간단합니다. 따뜻하고 달콤한 초콜릿 케이크에
> 대해 절대 생각하지 마세요."

치료자는 위와 같은 지시를 한 뒤 내담자가 초콜렛 케이크를 생각하지 않았는지를 확인해야 한다. 거의 대부분의 사람은 초콜렛 케이크에 대해 생각하고, 많은 경우 평소보다 더 많이 생각한다. 즉, 생각을 억제하려는 시도가 오히려 생각의 빈도를 증가시키는 것이다.

수용을 촉진하는 또 다른 방법은 사적 사건private event과 외적 사건external event에 대해 논의하는 것이다. 여기서 사적 사건이란 개인의 내면에서 일어나는 사건들을 의미하며, 외적 사건이란 개인의 외부에서 일어나는 사건들을 의미한다. 수용전념치료에서는 '사적 사건의 법칙'이라는 것을 제시하는데, 이법칙의 골자는 외부에서 일어나는 사건들의 경우 의도적으로 통제하는 것이 가능하지만 개인 내부에서 일어나는 사건들은 그렇지 않다는 것이다. 즉, 외적 사건에 적용될 수 있는 통제의 법칙이 내적 사건에는 그대로 적용되지 않는다는 것이다. 예를 들어, '나쁜 사건을 제거하면 나쁜 결과도 피할 수 있다.'는 법칙은 개인 내부에서 일어나는 사건들에는 적용되지 않는다.

위에 제시된 방법들을 이용해 내적 경험에 대한 통제시도가 적절한 반응이 될 수 없음을 확인시켰다면, 통제의 대안으로 수용을 소개하는 단계로 넘어간다. 여기에서도 마찬가지로 비유를 사용할 수 있다. 많이 사용되는 비유는 'Two Games' 비유다.

　　"인생에는 두 가지 게임이 있습니다. 첫 번째 게임은 여기 있습니다. (한 쪽 손을 보여 줌.) 이 게임의 핵심은 당신이 불편하게 여기는 생각이나 감정을 확실하게 줄이거나 제거하는 것입니다. 당신이 이 게임에서 이기면 당신이 원치 않는 생각이나 감정은 사라지는 겁니다. 자, 당신은 이 게임에서 이긴 적이 있나요? 두 번째 게임은 여기 있습니다. (다른 쪽 손을 보여 줌.) 이 게임은 보통 사람들이 주목하지 않는 게임입니다. 하지만 이 게임은 당신이 노력하는 만큼 원하는 것을 얻을 수 있는 게임입니다. 더욱이 그것들은 당신이 삶에서 얻기를 원하는 가치 있는 것들이기도 합니다. 저의 제안은 이것입니다. 늘 지기만 하는 첫 번째 게임에 몰두하는 대신에 당신이 이길 수 있는 두 번째 게임을 시작하는 것입니다."

　　제시된 비유는 원치 않는 내적 경험에 대한 통제를 그만두고 인생의 다른 중요한 과제에 집중하는 것이 더 나은 선택임을 암시한다. 결국 수용이란 '통제 시도를 그만두는 것'인 셈이며, 자연스럽게 수용할 수 있도록 도와주는 것이 바로 다른 활동에 전념하는 것임을 알 수 있다. 인터넷 음란 동영상을 시청하는 사람들의 경우 동영상을 시청하고자 하는 충동을 통제하기 위해 씨름하는 것을 그만두고, 삶의 다른 중요한 영역들

의 활동에 집중하도록 할 수 있다. 예를 들면, 친구관계를 개
선하기 위한 활동을 하거나 보다 건강하고 적응적인 취미활동
에 더 많은 시간을 보내도록 할 수 있다.

3회기에는 수용의 개념을 좀 더 확장시킨다. 2회기에 제안
된 수용의 개념이 '통제 시도를 그만두는 것'이었다면, 3회기
에 제안되는 수용의 개념은 '기꺼이 경험하는 것'이다. 통제의
대안으로서 충동을 기꺼이 경험하는 것을 선택할 수 있다는
사실은 'Two Scales' 비유를 통해 전달할 수 있다.

"당신 앞에 2개의 볼륨 스위치가 있다고 가정해 봅시다.
하나는 '불안anxiety'이라고 쓰여 있고 0부터 10까지 조절할
수 있습니다. 당신이 원하는 것은 스위치를 돌려 불안 수준
을 낮추는 것입니다. 또 다른 스위치는 '기꺼이 경험하기
willingness'입니다. 이것은 어떤 경험이 일어날 때 그것을 피
하거나 통제하려하지 않고 있는 그대로 경험하는 것을 말합
니다. 당신이 불안을 줄이기 위해 '불안' 스위치를 돌리려
안간힘을 쓸 때 '기꺼이 경험하기' 스위치는 0을 가리키고
있다고 볼 수 있습니다. 그러나 안타깝게도 불안을 줄이려
는 시도는 실패할 가능성이 높고 오히려 괴로운 상태를 지
속시킵니다. 반면, '불안' 스위치와 씨름하는 것을 그만두
고 '기꺼이 경험하기' 스위치를 높게 되면 놀랍게도 불안

수준이 줄어드는 것을 경험하게 될 것입니다."

3회기의 또 다른 중요한 목표는 내담자가 대안으로서의 수용행동을 좀 더 빈번하게 선택할 수 있도록 돕는 것이다. 이를 위해 우선적으로 고려할 수 있는 방법은 수용행동을 할 경우 얻을 수 있는 이득을 따져 보는 것이다. 충동을 회피하지 않고 기꺼이 경험할 때 얻게 될 수 있는 이득을 구체적으로 파악하다 보면 대안으로서의 수용행동이 좀 더 매력적으로 느껴질 수 있다. 또 다른 방법은 내담자가 가치 있게 여기는 것과 수용행동을 연결 짓는 것이다. 치료자는 내담자의 수용행동에 나름대로의 목적과 의미를 줄 수 있는 내담자의 가치에 대해 간단히 논의해 볼 수 있다.

3회기에는 수용의 강화와 더불어 구체적인 전념행동을 계획하고 실행하기 시작한다. 전념행동은 크게 2가지 영역으로 구분된다. 하나는 실제적인 음란 동영상 시청 빈도를 줄이는 것이고, 다른 하나는 동영상 시청 충동을 통제하려고 애쓰는 대신에 자신의 가치를 실현하는 활동을 선택하여 수행하는 것이다. 내담자는 이 두 가지 활동에 전념할 것을 다짐하고 구체적으로 실행하게 된다.

4회기에서 6회기에는 수용을 더욱 촉진할 수 있도록 돕는 3가지 치료요소인 탈융합과 맥락으로서의 자기, 현재의 순간에 접촉하기/현재에 존재하기에 초점을 두어 치료를 진행한다.
우선 탈융합을 촉진하기 위해 인간이 지닌 언어의 한계를 설
명하고 언어가 개인의 심리적 고통에 미치는 영향을 살펴본
다. 이때 많이 사용되는 방법은 'Your Mind is Not Your
Friend'다.

　"인간의 정신mind은 양날의 검과 같습니다. 매우 유용하
　지만 잘못 사용하면 우리에게 해를 끼칠 수도 있지요. 특히
　우리가 사용하는 언어는 세상에 대한 지식을 체계적으로 정
　리하고 공유하도록 도와서 중요한 사건들을 미리 예측하고
　통제할 수 있게 해 줍니다. 뿐만 아니라 실재하지 않는 것도
　창조하여 다양한 가능성을 모색할 수 있도록 해 주기도 하
　죠. 하지만 언어는 실재하지 않는 것도 마치 실재하는 것처
　럼 만들어 과잉반응을 유발하거나 이미 지나버린 옛일들을
　반복적으로 되살려서 불필요한 부정적 감정들을 경험하게
　하기도 합니다. 또한 일어나지도 않은 먼 미래의 일을 마치
　이미 일어난 일처럼 두려워하게 만들기도 하죠. 다양한 선
　입견과 편견, 오해를 일으키는 것도 우리가 가진 언어의 어
　두운 측면입니다. 그렇기에 우리의 정신이 늘 우리의 친구
　인 것은 아니라는 점을 기억할 필요가 있습니다."

내담자의 인지적 융합을 감소시키기 위해 치료자가 사용할 수 있는 또 다른 방법으로는 'Passengers on the Bus' 비유를 들 수 있다. 정해진 제안방식이 있는 것은 아니지만 치료자는 다음과 같은 방식으로 비유를 제시할 수 있다.

> "여기 버스가 한 대 있습니다. 이 버스가 당신의 삶이라고 생각해 보세요. 당신은 이 버스의 운전기사입니다. 여러분의 삶이 시작되면서부터 당신은 다양한 승객을 태우게 됩니다. 당신이 살면서 경험하는 다양한 감정과 믿음, 신체감각, 충동 등은 모두 당신의 버스에 타는 승객들이라고 볼 수 있습니다. 버스가 다니는 길은 여러분이 살면서 마주치는 다양한 상황과 사람들인 셈이고요. 승객들은 매우 다양하며 모든 승객이 운전기사인 당신의 주의를 끄는 것은 아닙니다. 어떤 승객은 있는 줄도 모를 정도로 조용합니다. 하지만 다른 승객은 매우 난폭할 수 있지요. 어쩌면 당신을 위협할 수도 있습니다. 하지만 변함없는 사실은 그들이 승객이라는 것이고 때가 되면 버스에서 내리게 된다는 점입니다. 그리고 당신은 전과 같이 다른 승객들을 태우고 가던 길을 계속 가게 되는 것이지요."

내담자가 자기 자신을 다양한 내적 경험이 일어나는 맥락

context으로 파악하게 되면 생각과 감정, 충동 등의 내적 경험에 과도하게 밀착되지 않고 적당한 거리를 둘 수 있게 된다. 이전에는 감당하기 힘들었던 욕구나 충동 등도 좀 더 수월하게 수용할 수 있는 상태가 되는 셈이다. 치료자는 내담자가 자신을 맥락으로 파악할 수 있도록 돕기 위해 'Chessboard' 비유를 활용할 수 있다.

"여러 가지 체스 말들이 놓여 있는 체스 판을 떠올려 보세요. 흰 말들은 당신이 원하는 생각과 감정입니다. 자신감이나 행복감, 자긍심 같은 것들이겠지요. 그리고 검은 말들은 당신이 원하지 않는 생각과 감정들입니다. 불안과 두려움, 자기의심, 절망감 같은 것들이 여기에 포함될 수 있습니다. 사람들은 보통 검은 말을 이기고 싶어 합니다. 삶의 어느 순간에는 흰 말들이 더 우세할 수 있습니다. 하지만 곧 검은 말들이 더 우세해질 수도 있지요. 어느 쪽도 평생 우세할 수는 없습니다. 더욱이 검은 말들을 모두 제거하는 것이 과연 우리가 해야 하는 일인지도 분명하지 않습니다. 그렇게 하는 것은 결국 우리 경험의 절반은 제거하겠다는 말이니까요. 그렇다면 당신이 체스를 두는 사람이 아닌 체스 판이라고 생각해 보면 어떨까요? 당신은 그저 검은 말과 흰 말이 번갈아 가며 세를 잡아 가는 변화를 담아내는 맥락인 것입니다. 그렇기에 어느 한 쪽이 우세하기를 바라면서 전전긍긍할 필요가 없고, 무엇보다 체스 판 위에서 다양한 일이 자연스럽게 일어날 수 있도록 두면서 지켜볼 수 있게 되는 것이지요."

제시된 비유를 내담자가 잘 받아들이게 되면 다양한 부정적 경험이 일어나고 사라지는 것을 굳이 통제하려 애쓰지 않고 흘러가는 대로 바라볼 수 있는 기반이 형성된다. 다음으로는 내담자가 현재의 순간에 접촉할 수 있도록 도와야 한다. 이 말은 현재 내담자의 내면과 외부에서 일어나는 다양한 사건에 고르게 주의를 기울일 수 있도록 도와야 한다는 의미다. 내담자들은 대부분 특정한 생각이나 기억, 감정, 충동에 선택적으로 주의를 기울이는 경향이 있다. 어떤 사람은 얼마 전에 보았던 음란 동영상을 반복적으로 다시 기억해 내면서 그 내용에만 집중할 수 있다. 또 다른 사람은 음란 동영상을 보고 싶은 충동에만 몰두할 수 있다. 이렇게 주의가 좁아지면 특정한 경험으로부터 거리를 두는 것이 어려워지며, 그에 따라 수용행동 또한 선택하기 어려워진다. 치료자는 의도적으로 내담자의 내면과 외부에서 일어나는 다양한 사건에 주의를 기울이도록 안내한다. 예를 들어, 여러 신체 부위의 감각에 주의를 기울여 보도록 하고, 시각과 청각, 후각적 정보에 주의를 기울이도록 한다. 여기에 더해 내담자의 내면에 떠올랐다가 잦아드는 여러 가지 생각과 감정, 충동 등에도 고르게 주의를 기울여 보도록 한다.

치료자는 제시된 기법들을 충분히 활용하면서 내담자의 수용을 촉진한다. 초기에는 치료 장면 내에서 연습을 하고 점차 회기 밖에서도 수용행동을 선택할 수 있도록 단계적으로 훈련을 진행한다. 여기에 더해 3회기부터 시작한 전념행동들도 꾸준히 지속할 수 있도록 격려한다.

7회기에서 8회기는 치료를 정리하는 회기다. 6회기까지 수용에 대한 이해와 훈련을 충분히 실시했기 때문에 후반부에는 가치와 전념에 더 큰 비중을 두어 치료를 진행한다. 우선 내담자의 가치를 좀 더 명확하게 파악하는 작업을 실시한다. 내담자가 중요하게 여기는 삶의 가치들을 구체적으로 확인하면서 내담자가 현재 선택하고 있는 행동들이 그 가치들과 얼마나 일치하는지를 점검한다. 이 과정을 통해 내담자는 자신이 선택한 통제행동들이 오히려 자신이 가치 있게 여기는 삶에서 멀어지게 만들고 있다는 사실을 확인하게 될 것이다. 치료자는 불필요한 통제노력을 포기하고 보다 가치 있는 활동에 전념하는 것이 여러 모로 나은 선택임을 강조할 수 있다. 가치 작업이 완료되면 전념행동의 실행은 더욱 힘을 얻게 된다.

가치와 전념행동에 내한 작업이 미무리되면 문제 재발을

관리하는 방안에 대한 논의를 진행한다. 8회기의 짧은 프로그램이기 때문에 재발의 가능성을 고려하는 것은 매우 중요하다. 치료자는 재발의 가능성에 대해 분명하게 정보를 제공하고, 재발했을 때 활용할 수 있는 방법들에 대해 구체적으로 논의한다. 특히 스스로 활용할 수 있는 수용-전념치료 기술에 대해 안내하고, 문제가 개선되지 않을 경우 치료기관에 접촉할 수 있는 방안 등에 대해서도 구체적으로 안내한다. ◆

5. 스스로 인터넷 중독 극복하기

1) 자가치료의 출발점

대부분의 중독 문제가 그렇듯 인터넷 중독 또한 다음 2가지 이유로 인해 치료에 어려움을 겪게 된다. 첫 번째 이유는 치료 동기의 부족 혹은 치료에 대한 양가감정이다. 특정한 행동이 반복되어 강한 습관으로 자리 잡았을 때에는 그만한 이유가 있게 마련이다. 실제로 중독 환자들에게 있어 중독 행동은 삶에서 제거할 수 없는 핵심적인 요소가 되어 있는 경우가 많다. 어떻게 보면 이들은 중독 행동을 통해 삶을 유지한다. 그러니 중독 행동을 제거하는 것에 대한 마음이 얼마나 복잡하겠는가? 장기적으로 보면 줄이거나 제거해야 하는 것이 옳다는 것을 인정하면서도, 당장 중독 행동을 하지 않는 자신을 상상조차 하지 못한다. 중독 행동을 나타내는 많은 사람이 치료를 시작하지 않거나 중간에 그만두는 이유는 바로 이 때문이다.

두 번째 이유는 중독 행동의 강한 지속성과 변화 저항성이
다. 중독 행동은 정의에 제시되어 있듯이 오랜 시간 동안 반복
되어 온 행동이다. 때문에 습관 행동 중에서도 매우 강한 습관
행동일 가능성이 높다. 이렇게 강한 습관 행동은 자동성을 띠
기 때문에 제거하기가 매우 어렵다. 유사한 상황에서 특정 행
동이 반복될 경우 우리의 뇌는 의사결정의 효율성을 높이기
위해 의식적 판단과정을 최소화하면서 자동적으로 행동이 유
발되도록 신경 간 연결 강도를 변화시킨다. 이렇게 특정 행동
과의 연결이 강화되면 자동적으로 행동이 유발되기 때문에 의
식적인 수정이 어려워진다. 뿐만 아니라, 습관 행동이 점차 일
반화되어 다양한 상황에서 나타나게 되면 해당 행동을 촉발하
는 자극이 많아지기 때문에 점점 더 제거하기가 어려워진다.

여기에 더해 인터넷 중독의 치료가 어려운 또 다른 이유는
현실적으로 인터넷을 사용하지 않을 수 없다는 점이다. 인터
넷은 현대인의 삶에서 빼놓을 수 없는 요소다. 우리는 인터넷
을 이용해 일을 하고 공부하며, 다른 사람들과 소통한다. 우리
가 생활하는 곳곳에 인터넷을 사용할 수 있는 도구들이 마련
되어 있다. 이러한 환경을 살아가면서 인터넷을 사용하지 않
기란 거의 불가능하다. 따라서 술이나 약물과 같이 완벽하게
사용을 금지하는 방법은 사용할 수가 없다.

이러한 이유들 때문에 인터넷 중독 행동은 쉽게 치료되지 않는다. 아마도 많은 사람이 인터넷 중독 행동을 개선하기 위해 노력하다가 실패를 맛보았을 것이다. 하지만 인터넷 중독 행동의 고유한 특성을 고려하여 단계적으로 개선을 시도하면 상당한 치료효과를 얻을 수 있다. 이 절에서는 기존의 치료이론에서 확인된 사항을 통합하여 독자 스스로 시도해 볼 수 있는 방법들을 제시하고자 한다.

2) 인터넷 사용 행동 파악하기

인터넷 중독 자가치료의 첫 단계는 인터넷 사용 행동의 양상을 구체적으로 파악하는 것이다. 시간표를 이용해서 언제, 어디에서, 얼마나 오래, 어떤 종류의 인터넷 사용 행동을 했는지 기록하는 방법을 활용할 수 있다. 이때 인터넷 사용 행동의 맥락을 파악하는 것이 중요하다. 특히 인터넷 사용 행동 직전에 어떤 사건이 일어났는지, 어떤 상황에서 인터넷을 주로 사용하는지에 초점을 두어 탐색할 필요가 있다. 이 과정을 모두 기록으로 남기면 인터넷 사용 행동에 대한 많은 정보를 수집할 수 있게 될 것이다. 이렇게 인터넷 사용 행동을 관찰하고 기록하다 보면 인터넷 사용 행동과 관련 맥락을 의식하게 되어 자동적인 반응을 억세하는 효과도 얻을 수 있다.

◆ 인터넷 사용 행동 기록지

날짜와 시간	선행사건	인터넷 사용 내용 (사용 장소 포함)	인터넷 사용 시간	결과 (기분 등)

3) 나는 왜 인터넷을 사용하는가

인터넷 사용 행동에 대한 관찰 및 기록을 통해 사용 패턴을 파악한 후에는 특정 상황에서 인터넷을 사용하게 되는 이유를 탐색해 본다. 인터넷은 분명한 장점을 가지고 있다. 인터넷 사용에 매력을 느끼는 것은 어찌 보면 자연스러운 현상이다. 이 사실을 염두에 두고 인터넷의 어떤 측면에 특히 매력을 느끼고 있는지를 구체적으로 살펴보는 것이 중요하다. 또한 인터넷 사용을 통해 어떤 이익을 누리고 있는지, 개인적인 욕구 중 어떤 욕구를 충족시키고 있는지 탐색해 본다.

인터넷을 통해 할 수 있는 활동이 다양한 만큼 인터넷을 사용하는 이유 또한 다양할 것이다. 가장 흔하게 보고되는 이유로는 기분 조절을 들 수 있다. 즉, 분노와 우울, 불안, 지루함 등과 같은 부정적인 감정을 회피하거나 감소시키기 위해, 혹은 즐거움과 재미, 흥미 등의 긍정적 감정을 통해 기분을 고양시키기 위해 인터넷을 사용하는 경우가 많다. 여기에 해당된다면 다음 몇 가지 질문을 통해 좀 더 정교한 탐색을 시도할 수 있다.

• 주로 부정적 감정을 회피하거나 감소시키기 위해 인터넷을 사용하는가?

- 주로 어떤 유형의 부정적 감정을 경험할 때 인터넷을 사용하고 싶은가?
- 부정적 감정을 경험할 때 인터넷을 사용하면 감정에 어떤 변화가 일어나는가?
- 다소 가라앉은 기분을 상승시키고자 할 때 인터넷을 사용하는가?
- 인터넷을 사용하면 어떤 긍정적 감정을 경험하는가?
- 인터넷을 사용하기 전과 후의 기분 상태는 어떻게 다른가?

사람들은 개인적인 욕구를 충족시키기 위해 인터넷을 사용하기도 한다. 가장 흔하게 보고되는 욕구 중 하나는 관계 욕구, 즉 사람들과의 상호작용을 통해 친밀감을 얻고자 하는 욕구다. 특히 현실세계에서 주변 사람들과 원만한 관계를 맺지 못하는 경우 좌절된 대인관계 욕구를 인터넷 공간에서 충족시키려 시도하곤 한다. 또 다른 욕구는 성취 욕구다. 인터넷 게임을 포함한 다양한 활동이 개인에게 성취감을 제공할 수 있다. 앞서 제시된 대인관계 욕구와 마찬가지로 현실세계에서 성취감을 충분히 경험하지 못하는 사람들은 인터넷 활동을 통해 부족한 성취감을 얻으려 시도하기도 한다.

4) 원하는 것을 얻을 수 있는 다른 방법 모색하기

부정적 감정 경험을 줄이고 긍정적 감정 경험을 늘리고 싶은 욕구는 인간의 자연스러운 욕구다. 마찬가지로 성취감이나 친밀감을 경험하고자 하는 욕구 또한 그 자체로는 문제될 것이 없다. 오히려 이러한 욕구를 적절히 충족시켜야 만족스럽고 행복한 삶을 살 수 있게 된다. 때문에 인터넷 사용 행동을 제거하는 데에만 급급하다 보면 이전보다 삶이 더 불행해졌다는 느낌을 갖게 되기 쉽다. 이를 피하기 위해서는 인터넷 사용 행동으로 충족시켰던 욕구를 다른 새로운 활동을 통해 충족시킬 수 있어야 한다.

하지만 이 작업은 생각만큼 쉽지 않다. 욕구를 충족시킬 수 있는 많은 행동 중 인터넷 사용 행동을 선택한 데에는 그럴만한 이유가 있기 때문이다. 아마도 인터넷 사용 행동은 중요한 욕구를 충족시킬 수 있는 최선의 선택이었을 것이다. 예를 들어, 어떤 인터넷 게임 장애 환자는 독특한 외모와 서툰 행동 때문에 현실세계에서 친구들로부터 늘 무시당하고 따돌림을 당해 왔다. 하지만 외적인 요소가 철저히 배제된 인터넷 게임 공간에서는 탁월한 게임실력으로 여러 사람으로부터 칭찬과 인정을 받고 친밀감도 느낄 수 있었다. 이 환자에게 인터넷 게임만큼 관세 욕구를 충족시키기에 적절한 활동을 찾기란 쉬운 일이 아닐 것이다.

인터넷 사용 행동을 다른 대안행동으로 대체하기 위해서는 다른 대안행동이 더 매력적으로 다가와야 한다. 이를 위해 크게 2가지 방향으로 작업을 진행할 수 있다. 한 가지는 인터넷 사용 행동의 매력을 감소시키는 것이고, 다른 하나는 대안행동의 매력을 증가시키는 것이다. 인터넷 사용 행동의 매력을 감소시키는 대표적인 방법은 인터넷 사용 행동이 현재의 삶과 미래의 삶에 미치는 부정적인 영향을 구체적으로 파악해 보는 것이다. 인터넷 사용 행동이 단기적으로 다양한 매력을 갖는 것은 사실이지만 장기적으로 보면 오히려 개인의 삶에 부정적인 영향을 미칠 수 있다. 예를 들어, 인터넷을 사용하는 시간이 길어지게 되면 그만큼 현실의 책임과 의무를 이행할 시간은 줄어들기 때문에 학업이나 직업, 대인관계 등의 영역에서 부적응을 경험할 수 있다. 뿐만 아니라, 신체적인 활동의 양이 줄어들기 때문에 건강에도 상당한 해를 끼칠 수 있다.

대안행동의 매력을 증가시키는 작업의 첫 단계는 대안행동에 대한 불편감을 감소시키는 것이다. 예를 들어, 다른 사람들과의 직접적인 대화에 대한 불편감이 커서 인터넷을 이용한 간접적 소통에 몰두하는 사람이 있다면, 직접적인 대화를 나누는 것에 대한 불편감을 감소시키는 작업을 시도해 볼 수 있다. 많이 사용되는 방법은 의도적으로 반복 실행하여 불편감에 둔감해지는 것이다. 이와 동시에 직접적인 대화 상황에서 무엇 때문에 과도한 불편감을 느끼는지를 탐색해 볼 수 있다. 이 과정에서 부정적으로 편향된 생각이나 믿음 등을 확인할 수 있으며, 이러한 알아차림 자체만으로도 불편감이 다소 감소하는 효과를 얻을 수 있다.

대안행동의 매력을 증가시키는 두 번째 단계는 대안행동을 선택함으로써 얻는 이익을 최대화하는 것이다. 인간은 다양한 욕구를 지니고 살아가며, 어떤 행동은 특정한 욕구를 충족시키는 대신 다른 욕구의 충족을 방해하기도 한다. 과도한 인터넷 사용 행동은 일시적으로 부정적 감정을 피하고 성취감이나 친밀감 등을 경험하게 하지만, 장기적으로 보면 현실적이고 적응적인 대인관계 기능이나 신체적 건강을 저해할 수 있다. 하지만 인터넷 중독 문제를 가진 사람들은 인터넷 공간에서 얻는 유익을 크게 평가하고 현실세계에서 잃는 것을 과소평가하는 경향이 있다. 따라서 건강한 삶을 위해 적절히 충족시켜야 하는 기본적인 욕구를 다시 검토하고 그동안 소홀히 여겼던 욕구의 가치를 재평가하는 작업이 필요하다. 이 작업이 마무리되면 인터넷 사용의 대안행동을 통해 얻는 유익이 증가하게 될 것이다.

5) 고통을 견뎌 보기

대부분의 사람은 살면서 불안이나 분노, 슬픔, 수치심 등의 부정적 감정을 종종 경험한다. 이러한 경험은 그 자체로 고통스럽기 때문에 다양한 수단을 이용해 회피하려는 시도가 나타날 수 있다. 인터넷 사용 행동은 고통스러운 부정적 감정을 회피하는 수단으로 사용되곤 한다. 하지만 인터넷 사용 행동을 이용하여 부정적 감정을 반복적으로 회피하다 보면 부정적 감정의 기능을 충분히 활용할 수 없을 뿐만 아니라, 인터넷 사용 행동의 빈도가 너무 높아진다.

부정적 감정은 나름대로의 기능을 가지고 있다. 불안은 개인의 신체적·심리적 안위에 위협이 될 수 있는 사건에 대한 정보를 제공하며, 분노는 타인의 언행으로 인해 자신의 일부가 손상을 입었다는 사실을 알려 준다. 이러한 기능은 감정을 회피하지 않고 경험해야만 충분히 활용할 수 있다. 또한 주어진 일을 수행해 나가는 과정에서 경험하는 다양한 불편감을 견뎌 내지 못하면 목표하는 바를 달성하지 못하게 된다. 이처럼 부정적 감정 경험은 회피하는 것만이 능사가 아니며 적절히 견뎌 내는 것 또한 필요하다.

인터넷 사용 행동을 부정적 감정의 회피 수단으로 사용하는 경우, 부정적 감정을 견디는 훈련을 반복할수록 인터넷 사용 행동이 줄어들 수밖에 없다. 굳이 인터넷을 사용하지 않아도 괜찮기 때문이다. 물론 부정적 감정을 견디는 것은 쉬운 일이 아니다. 하지만 부정적 감정 경험에 대한 연구결과에 따르면, 부정적 감정을 피하지 않고 직면하여 경험하면 할수록 한결 견디기 수월해진다. 행동주의 심리학에서는 이러한 현상을 둔감화desensitization라고 한다.

부정적 감정을 견디는 훈련을 실시할 때 특히 주의해야 할 점은 가능하면 실패하지 않는 것이다. 부정적 감정을 견디는 것은 그 자체로도 힘든 일이다. 여기에 목표한 바를 달성하지 못하는 실패 경험까지 하게 되면 수행에 대한 거부감이 더 커진다. '어차피 해도 안 될 건데 내가 왜 이 힘든 걸 하나?'라는 생각이 드는 것이다. 따라서 가능하면 실패하지 않는 방식으로 감내훈련을 실시해야 한다.

가장 많이 사용되는 방법은 '작은 감내행동'을 설정하는 것이다. 즉, 실패할 가능성이 거의 없는 최소한의 감내행동을 정하여 실행하는 것이다. 예를 들어, 주변 사람들과의 갈등으로 짜증이 났을 때 곧바로 인터넷을 사용하는 사람이 있다면, 어떤 일이 있어도 거의 실패할 가능성이 없는 시간만큼 짜증을 견뎌 보는 것이다. 어떤 사람에게는 1분이 될 수 있고 다른 사람에게는 5분이 될 수 있다. 중요한 점은 어떤 상황에서도 지켜 낼 수 있는 시간이어야 한다는 점이다.

5분 더 견디는 것이 무슨 의미가 있나 싶은 의문이 들 수 있다. 하지만 이 훈련은 큰 차이를 만들어 낸다. 부정적 감정을 견디길 포기한 많은 사람은 그것이 불가능하다고 여기기 때문에 포기한다. 이들이 불가능하다고 여기는 이유는 그만큼 여러 번 실패했기 때문이다. 그러나 여기에 비밀이 숨어 있다. 작은 감내행동을 계획하고 실행하다 보면 부정적 감정을 견디는 것이 불가능한 일은 아니라는 것을 알게 된다. 이러한 변화는 의식적 수준뿐만 아니라 무의식적 수준에서도 일어난다. 즉, 부정적 감정을 경험할 때 적어도 일정 시간만큼은 자동적으로 견디는 습관이 형성되는 것이다.

이렇게 '견디는 습관'이 형성되면 조금 더 긴 시간 동안 부정적 감정을 견디는 것이 좀 더 수월해진다. 뿐만 아니라, 감내행동의 성공에 따른 자기효능감과 통제감, 성취감 등을 추가로 얻을 수 있으며, 부정적 감정의 기능도 충분히 활용할 수 있게 된다. 또한 적어도 견딘 시간만큼은 인터넷 사용 시간이 감소하기 때문에 인터넷 사용 행동 또한 감소하게 되며, 그에 따라 주변으로부터의 인정과 칭찬 등의 보상을 얻을 수도 있다. 아울러 고통을 견디면서 과업을 수행한 데 따른 보상이 주어지기 때문에 감내행동은 더욱 강화된다. 이러한 과정은 사실 우리가 살면서 고통을 견디는 능력을 키워 가는 일반적인 과정이다. 다만, 좀 더 체계적이고 계획적인 방식으로 훈련을 진행해 나아갈 뿐이다.

6) 인터넷 사용 행동과 대안행동 계획 및 실행

정서적 고통을 견디는 행동에 더하여 인터넷 사용 행동과 원하는 것을 얻을 수 있는 대안행동을 계획하여 실행해 볼 수 있다. 중요한 원칙은 인터넷 사용 행동의 감소계획과 대안행동의 증진계획을 동시에 세워 실행하는 것이다. 인터넷 사용 행동을 줄이는 데에만 급급하다 보면 욕구 불만족으로 인한 불편감이 강해져 결국 인터넷을 다시 사용하게 될 수 있다. 따라서 인터넷 사용 행동을 통해 충족시켰던 욕구를 대신 만족시킬 수 있는 대안행동을 발굴하여 함께 실행해야 한다.

계획을 세울 때에는 정서적 고통을 견디는 행동과 마찬가지로 실패하지 않는 것에 중점을 두어야 한다. 인터넷 사용 행동 계획 및 실행의 목표는 스스로 통제할 수 있다는 믿음을 강화시키는 데 있다. 따라서 성급하게 과도한 목표를 세우기보다 성공할 수 있는 수준의 목표를 세워 반복적으로 성공하는 것이 더 바람직하다. 인터넷 사용 행동의 현격한 감소는 대안행동의 증가에 달려 있다. 대안행동이 증가하면 인터넷을 사용하지 않아도 원하는 것을 충분히 얻을 수 있기 때문에 인터넷 사용 행동이 감소하는 것이다.

앞서 언급한 바와 같이 대안행동의 발굴과 실행은 말처럼 쉬운 작업이 아니다. 예를 들어, 학업 성적이 저조하여 학교나 집에서 성취감을 경험하지 못하는 학생의 경우 인터넷 게임 이외에 성취감을 얻을 수 있는 활동은 없다고 여길지 모른다. 이때 사용해 볼 수 있는 전략은 2가지다. 첫 번째 전략은 예전에 실패한 활동 이외의 새로운 활동을 모색하는 것이다. 위에 제시된 학생의 경우 공부 이외에 성취감을 경험할 수 있는 새로운 활동으로 운동이나 취미활동을 고려해 볼 수 있다. 특히 개인적으로 관심을 두었던 활동이 있다면 해당 활동을 시도해 보는 것이 좋다. 두 번째 전략은 예전에 실패한 활동을 다시 시도하되 목표를 낮추는 것이다. 성취감을 충분히 얻지 못하는 사람들 중 상당수는 과도하게 높은 목표를 세우는 경향이 있다. 혹시라도 본인이 그런 경우라면 목표를 대폭 낮추는 작업을 실시해야 한다. 예를 들어, 반에서 상위권의 성적을 얻는 것이 예전의 목표였다면, 하루에 10분 동안만이라도 꾸준히 공부하는 것으로 목표를 재조정할 필요가 있다. 물론 이러한 목표가 처음에는 무가치해 보일 수 있다. 하지만 여러 차례 언급한 바와 같이 한 번의 큰 성공보다 여러 번의 작은 성공이 심리적으로는 더 큰 힘을 발휘한다.

7) 변화된 행동 강화하기

체계적인 행동계획과 실행을 통해 약간의 행동 변화가 일어났다면 그 변화를 굳게 다지는 작업을 실시한다. 대표적인 방법은 보상을 활용하는 것이다. 행동주의 심리학에서는 이러한 과정을 강화reinforcement라고 한다. 즉, 바람직한 행동을 수행했을 때 보상을 제공함으로써 긍정적 감정을 경험하게 하는 것이다. 이렇게 긍정적 감정을 경험하게 되면 해당 행동에 대한 정서적 태도가 긍정적인 방향으로 변하여 향후 선택될 가능성이 더 높아진다.

보상으로는 긍정적 감정을 유발하는 다양한 자극이 이용될 수 있다. 스스로에게 따뜻한 칭찬을 하거나 작은 선물을 주는 것도 좋은 보상이 될 수 있다. 또한 주변 사람들의 도움을 받을 수 있다면 적절한 방식의 칭찬과 지지를 받는 것도 의미 있는 보상으로 기능할 수 있다. 보상 또한 행동과 마찬가지로 계획할 수 있다. 보상을 계획할 때 중요한 점은 개인적으로 가치 있게 여기는 보상을 사용해야 한다는 점과, 들인 노력에 상응하도록 보상의 크기를 조절해야 한다는 점이다. 다른 사람들에게 가치 있는 보상이라 해도 개인적으로 중요하게 여기지 않는 자극은 보상이 될 수 없다. 예를 들어, 돈의 가치를 중요하게 여기지 않는 사람에게는 돈을 보상으로 사용할 수 없다.

보상의 크기를 조절하는 것은 다소 어려운 작업이다. 한 가지 염두에 두어야 할 점은 특정 행동을 수행하는 과정에서 겪었던 괴로움이나 고통보다 보상의 크기가 작으면 그 행동은 결국 감소하게 된다는 것이다.

보상계획과 관련하여 자주 등장하는 질문이 있다. '내가 내 돈을 들여 산 물건이 과연 보상이 될 수 있는가?' 하는 질문이다. 실제로 심리치료 상황에서 보상계획을 하게 되면 '스스로에게 선물하기'를 포함시키곤 한다. 이것은 말 그대로 그동안 고생한 자신에게 스스로 선물을 사 주는 것을 말한다. 경제학적인 관점에서 보면 이것은 전혀 보상이 될 수 없다. 실질적인 이익이 없기 때문이다. 하지만 심리학적인 관점에서 보면 스스로에게 주는 선물이 보상으로 작용할 수도 있다. 앞서 언급한 것처럼 긍정적 감정을 유발하기만 한다면 그 자극은 보상이 될 수 있기 때문이다.

인간은 합리적이고 이성적인 존재임에 틀림없지만 매순간마다 객관적이고 정확한 가치판단을 하지는 않는다. 우리가 매순간 객관적이고 경제적인 가치판단을 한다면 자신의 돈을 들여 선물을 사는 행위는 아무런 기능도 할 수 없을 것이다. 우리가 소유하고 있는 돈이 잠재적인 가치를 지니고 있는 것은 분명하지만, 사람들마다 특정 순간에 돈에 부여하는 정서적 가치의 정도는 서로 다르다. 이로 인해 돈과 선물이 갖는 정서적 가치 간에 격차가 발생한다. 만일 통장 안에 남아 있는 돈에 대한 정서적 가치가 그리 크지 않다면, 달리 말해 통장의 잔고가 일정량 감소할 때 경험하는 부정적 감정보다 그 비용을 들여 구입한 선물로 인한 긍정적 감정이 훨씬 강하다면, '스스로에게 선물하기'는 충분한 보상이 될 수 있다. 반면, 돈에 부여하는 정서적 가치가 매우 강하여 통장 잔고가 감소함에 따라 매우 큰 부정적 감정을 경험한다면 스스로에게 선물하기는 좋은 보상이 될 수 없을 것이다. 이러한 경우에는 스스로에게 선물을 주는 것 보다 가까운 주변 사람들이 돈을 보상으로 제공하는 것이 훨씬 좋은 보상이 될 수 있다. ◆

6. 가족이 도움 주기

인터넷 중독 문제를 나타내는 사람들 중 상당수는 가족관계에서 어려움을 겪는다. 인터넷 게임 장애에 빠진 청소년들은 가족관계에서 얻지 못하는 성취감이나 친밀감을 게임을 통해 얻는다. 또한 이들은 가족 구성원들과의 갈등으로 인해 유발된 부정적 감정 경험을 완화하기 위해 인터넷 게임에 빠져들기도 한다. 더욱 안타까운 점은 이들의 인터넷 게임 행동이 가족관계 갈등을 악화시킨다는 점이다. 가족 구성원들은 이들이 책임을 회피하면서 게임에만 몰두한다며 부정적인 반응을 보일 가능성이 높기 때문이다. 이러한 반응은 청소년들로 하여금 다른 가족 구성원들을 더욱 멀리 하면서 인터넷 게임 속으로 숨어들게 만든다.

인터넷 성 중독 문제를 나타내는 대표적인 환자군은 기혼 남성들이다. 이들이 인터넷 성 중독에 빠지는 이유로 흔히 언급되는 것은 배우자와의 성관계 불만족이다. 이들은 다양한 이유로 배우자와 갈등을 경험하며, 그 결과 만족스러운 성관계를 갖지 못하고 인터넷 공간에서 결핍된 욕구를 충족시키려 시도한다. 앞서 살펴본 바와 같이 이러한 시도가 다른 가족 구성원들에게 발견될 경우 가족관계에 심각한 피해를 입히게 된다. 특히 인터넷 성 중독은 윤리적인 측면에서 문제가 되기 때문에 가족을 포함한 주변 사람들의 비난의 강도가 매우 높으며, 이러한 비난은 인터넷 성 중독 환자의 정서적 스트레스를 가중시켜 더욱 인터넷 성 활동에 몰두하게 만들 가능성이 있다.

특별한 목적 없이 인터넷 공간을 떠돌며 타인의 블로그나 홈페이지를 방문하고 커뮤니티에 글을 남기는 사람들은 대부분 현실의 관계에서 외로움을 경험한다. 특히 이들은 다른 가족 구성원들과 만족스러운 관계를 맺지 못하고 가상의 공간에서 익명의 사람들과 소통하며 일시적으로나마 위안을 얻는다. 이들이 이렇게 인터넷 공간의 사람들과 소통하는 것에 익숙해지면 자연스럽게 가족과의 소통은 줄어들게 된다. 그리고 가족 구성원들 중 일부는 이들의 이런 태도에 불만을 느끼면서 부정적으로 반응할 수 있고, 그러한 반응은 이들이 더욱 인터넷 공간에 매달리도록 유도한다.

대부분의 심리적 문제가 그렇지만 인터넷 중독은 가족의 노력이 특별히 더 절실하다. 우선, 인터넷 중독 행동에 대한 비난을 멈추어야 한다. 불평과 비난은 처벌의 효과가 있기 때문에 인터넷 사용 행동을 일시적으로는 줄일 수 있다. 하지만 인터넷을 사용하는 원인이 다루어지지 않는 한 인터넷 사용 행동은 다시 나타나게 된다. 또한 비난은 듣는 이에게 정서적인 불편감을 유발하며 비난을 한 대상과의 관계를 악화시키기 때문에 얻는 것보다 잃는 것이 더 많을 수 있다.

비난하고 싶은 마음을 다스리기 위해서는 무엇보다 상대방의 입장을 이해하는 것이 중요하다. 나의 아들과 딸 혹은 남편이나 아내가 이렇게 인터넷에 매달리는 이유는 무엇이며 이들은 인터넷에서 무엇을 얻고 있는지 이해하려 애쓸 필요가 있다. 물론 이해되지 않는 부분도 있을 수 있고 '왜 나만 이해하려고 애써야 하나' 싶은 생각에 화가 날 수도 있다. 이때 나에게 가장 중요한 것이 무엇인지를 되새기면 큰 도움이 된다. 나에게 있어 가족의 건강과 행복이 가장 중요하다면, 가족 구성원을 이해하기 위한 노력은 결국 나의 행복을 위한 것이기 때문이다.

과도한 인터넷 사용의 원인을 어느 정도 이해하여 비난하고 싶은 마음을 다스릴 수 있게 되었다면, 다음으로 이들의 결핍된 욕구에 주목할 필요가 있다. 가족관계에서 유대감을 느끼고 싶은 욕구가 좌절된 것은 아닌지, 혹은 가족으로부터 인정받고 지지를 얻고 싶은 욕구가 좌절된 것은 아닌지를 살펴보는 것이다. 어쩌면 이들은 가족과 개인적인 관심사를 자유롭게 공유하고 싶은 욕구가 좌절되었을 수 있으며, 육체적인 친밀감을 느끼고자 하는 욕구가 오랜 기간 동안 좌절되었을 가능성도 있다. 이들의 좌절된 욕구를 확인하게 되었다면, 할 수 있는 만큼 그 욕구를 충족시키기 위해 노력할 수 있다. 물론 이들의 욕구를 만족시킬 수 없는 특별한 상황이 있었을 것이다. 관건은 가족이 함께 노력하여 그 상황을 바꿔 나가는 것이다. 이러한 가족의 노력은 인터넷 중독에 빠진 구성원에게도 긍정적인 영향을 미칠 가능성이 높다. 이들은 가족의 관심과 노력을 봐서라도 인터넷 중독을 극복하기 위해 더욱 노력해야 한다고 마음먹을 것이며, 이러한 심리적 변화는 매우 강력한 치료적 효과를 갖는다. 또한 가족 구성원 모두의 노력으로 인터넷 중독문제가 조금씩 개선되면, 그 자체로 가족 간의 정서적 유대와 결속을 강화시키는 중요한 경험이 될 수 있다. ❖

참고문헌

American Psychiatric Association. (2013). *Diagnostic and statistical manual of mental disorders* (5th ed.). Washington, DC: Author.

Beard, C. L., & Wickham, R. E. (2016). Gaming-contingent self-worth, gaming motivation, and Internet Gaming Disorder. *Computers in Human Behavior, 61*, 507-515.

Caplan, S. E. (2003). Preference for online social interaction: A theory of problematic Internet use and psychosocial well-being. *Communication Research, 30*(6), 625-648.

Caplan, S. E. (2010). Theory and measurement of generalized problematic Internet use: A two-step approach. *Computers in Human Behavior, 26*(5), 1089-1097.

Cooper, A. (1998). Sexuality and the Internet: Surfing into the new millennium. *CyberPsychology & Behavior, 1*(2), 187-193.

Davis, R. A. (2001). A cognitive-behavioral model of pathological Internet use. *Computers in Human Behavior, 17*(2), 187-195.

Deci, E. L., & Ryan, R. M. (2010). *Self-determination.* New York: John Wiley & Sons, Inc.

Delmonico, D., & Miller, J. (2003). The Internet Sex Screening Test: A comparison of sexual compulsives versus non-sexual compulsives. *Sexual and Relationship Therapy, 18*(3), 261-276.

Dong, G., & Potenza, M. N. (2014). A cognitive-behavioral model of Internet gaming disorder: theoretical underpinnings and clinical implications. *Journal of Psychiatric Research, 58*, 7-11.

King, D. L., & Delfabbro, P. H. (2014). The cognitive psychology of Internet gaming disorder. *Clinical Psychology Review, 34*(4), 298-308.

LaRose, R., & Eastin, M. S. (2004). A social cognitive theory of Internet uses and gratifications: Toward a new model of media attendance. *Journal of Broadcasting & Electronic Media, 48*(3), 358-377.

Lemmens, J. S., Valkenburg, P. M., & Gentile, D. A. (2015). The Internet Gaming Disorder Scale. *Psychological Assessment, 27*(2), 567.

Schneider, J. P. (2000). Effects of cybersex addiction on the family: Results of a survey. *Sexual Addiction & Compulsivity: The Journal of Treatment and Prevention, 7*(1-2), 31-58.

Schwartz, M. F., & Southern, S. (2000). Compulsive cybersex: The new tea room. *Sexual Addiction & Compulsivity: The Journal of Treatment and Prevention, 7*(1-2), 127-144.

Suler, J. (2004). The online disinhibition effect. *Cyberpsychology & Behavior, 7*(3), 321-326.

Twohig, M. P., & Crosby, J. M. (2010). Acceptance and commitment therapy as a treatment for problematic internet pornography viewing. *Behavior Therapy, 41*(3), 285-295.

Van Rooij, A., & Prause, N. (2014). A critical review of "Internet addiction" criteria with suggestions for the future. *Journal of*

Behavioral Addictions, 3(4), 203-213.

더 읽을거리

이소희 역(2003). 인터넷 중독의 이해[*Real solutions for overcoming internet addictions*]. S. O. Watters 저. 서울: 학지사. (원저는 2001년에 출간).

박승민, 조영미, 김동민(2011). 청소년 인터넷 중독의 이해와 상담. 서울: 학지사.

양유성 역(2016). 게임중독의 심리분석[*Hooked on Games*]. A. P. Doan 저. 서울: 학지사. (원저는 2012년에 출간).

신성만, 고윤순, 송원영, 이수진, 이형초, 전영민, 정여주 역(2013). 인터넷 중독[*Internet Addiction: A Handbook And Guide To Evaluation And Treatment*]. K. S. Young & C. Nabuco 저. 서울: 시그마프레스. (원저는 2011년에 출간).

디지털중독연구회(2015). 인터넷 중독의 특성과 쟁점. 서울: 시그마프레스.

디지털중독연구회(2015). 인터넷 중독 상담과 정책의 쟁점. 서울: 시그마프레스.

찾아보기

| 인명 |

Bandura, A. 72
Beard, C. L. 85

Caplan, S. E. 53, 66
Cooper, A. 91
Crosby, J. M. 121

Davis, R. A. 32, 61
Deci, E. L. 85
Delfabbro, P. H. 81
Delmonico, D. 50
Dong, G. 78

Glasser, W. 112

King, D. L. 81

Lemmens, J. S. 48

Miller, J. 50

Potenza, M. N. 78
Prause, N. 32

Ryan, R. M. 85

Schwartz, M. F. 93
Southern, S. 93
Suler, J. 38

Twohig, M. P. 121

Van Rooij, A. 32

Wickham, R. E. 85

Young, K. S. 104

| 내용 |

POSI 69
Triple-A(Access, Affordability,
     Anonymity) Engine 91

가치 125
감내행동 149
강박장애 109
강화 62, 153
게임유관 자기가치감 88
경험회피 122
근시안적 의사결정 79
금단 26
금단증상 22
기분조절 25
꾸물거림 65

내성 26
내적 동기 86

둔감화 149

매몰비용편향 82
맥락으로서의 자기 125
몰두 25
물질사용장애 94

보상 81

보상추구동기 78
부적응적 인지 63, 106
불안장애 94

사이버 성 중독 37
사적 사건 129
선택이론 111
섭식장애 94
수용 124
수용전념치료 121
심리적 유연성 125

알코올 사용 장애 94
양극성 장애 94
온라인 게임 장애 33
온라인 탈억제 효과 38
외상 93
외상후 스트레스 장애 94
외적 동기 86
외적 사건 129
우울장애 94
의지력 76
이용—충족 모델 70
익명성 38, 92
인지적 오류 106
인지적 융합 123
인지행동치료 104

인터넷 13
인터넷 게임 장애 33
인터넷 성 중독 37
인터넷 중독 20

자기 63
자기결정이론 85
자기관찰 74
자기반응 74
자기조절 73
자기존중감 83
자기효능성 72
자율성 86
작업기억 100
전념행동 125
접근성 91
정신병리 62
조급성 76

주의력결핍 과잉행동 장애 109
주의전환 97
중독 22
집행기능 79

체계적 가족치료 115
충동성 75

탈억제 현상 39
탈위계 현상 39
탈융합 124
통제 결여 26

해리 97
행위중독 22
현실치료 111
현재에 존재하기 125

◎ 저자 소개

서장원(Seo, Jang-Won)

서울대학교 건축학과를 졸업하고 동 대학교 심리학과 대학원에서 임상·상담심리학 전공으로 석사 학위 및 박사 학위를 취득하였다. 서울아산병원 정신건강의학과에서 임상심리 레지던트 수련과정을 수료하였으며, 한국심리학회 공인 임상심리전문가이자 보건복지부 공인 정신보건임상심리사(1급)다. 현재 전북대학교 심리학과 교수로 재직하고 있으며, 중독과 강박장애에 관한 다수의 논문을 국내외 학술지에 발표하였다.

ABNORMAL PSYCHOLOGY 33

인터넷 중독 가상의 공간에서 길을 잃다

Internet Addiction

2017년 5월 30일 1판 1쇄 발행
2024년 3월 25일 1판 3쇄 발행

지은이 • 서 장 원

펴낸이 • 김 진 환

펴낸곳 • (주) **학 지 사**

　　　　04031 서울특별시 마포구 양화로 15길 20 마인드월드빌딩 5층

대표전화 • 02) 330-5114　　팩스 • 02) 324-2345

등록번호 • 제313-2006-000265호

홈페이지 • http://www.hakjisa.co.kr
인스타그램 • https://www.instagram.com/hakjisabook

ISBN 978-89-997-1255-5 94180
ISBN 978-89-997-1000-1 (set)

정가 9,500원

출판미디어기업 **학 지 사**

간호보건의학출판 **학지사메디컬** www.hakjisamd.co.kr
심리검사연구소 **인싸이트** www.inpsyt.co.kr
학술논문서비스 **뉴논문** www.newnonmun.com
원격교육연수원 **카운피아** www.counpia.com